泰勒·雷利摩爾
Taylor Larimore——著

約翰·柏格 前言
資湘萍——譯

實踐版

真·佛系投資法

鄉民的提早退休計畫

The Bogleheads' Guide to the Three-Fund Portfolio
How a Simple Portfolio of Three Total Market
Index Funds Outperforms Most Investors with Less Risk

目錄

指數化投資，
就是屬於鄉民的勝利

Jet Lee

（Jet Lee 的投資隨筆部落格版主）

　　我想臺灣有做過「投資」的人應該不在少數，但真正懂得做投資的人，可能比例上很低。

　　有許多人對於做投資這件事，直覺反應就是炒股票。買進一檔股票，然後等待上漲賣出。這似乎是廣大臺灣投資人的起手式。不過再深入一點就會開始學著理解「共同基金」。然後會想要弄懂期貨、選擇權、ETF，及各式各樣的金融商品。

　　再來投資人會慢慢發現，似乎「買低賣高」這件事不是那麼的理所當然。好像有些策略可以增加獲利機會。所以就會想著怎麼預測股價的波動、趨勢的變化，還有得到資訊落差的優勢。大多數人愈學愈多，但能真正靠投資累積出一筆財富的人，卻少之又少。

如果我告訴你，有一種投資方式只要透過三檔指數型基金，就能幫助投資人賺錢，而且是很可觀的一筆財富。你願意相信這世上原來有這麼精簡有效的投資策略嗎？《鄉民的提早退休計畫〔實踐版〕》就是在講這樣一個簡單、有效，只要透過三檔全市場指數型基金，就能累積財富的投資策略。

　　這種投資策略不需要特別傷神做研究，不需要時時刻刻關注市場經濟變化，更不必注意會不會被市場主力大戶坑殺。這是一個已經在國外「柏格頭」論壇廣為流傳及使用，並且得到廣大「鄉民」認證的好方法。

　　說到鄉民的認證，我想跟大家分享兩個我所做過跟臺灣鄉民有關的投資實驗。

　　我曾經在網路社團裡，舉辦過一場為期近兩年的台股模擬選股大賽。讓廣大鄉民們每週去挑選一檔股票，看一週後誰選的股票報酬會奪冠。當然啦，既然是選股比賽，就得有一個基準指標做參考。在台股中沒有太多選擇可以用，所以我使用了0050做為基準值。

　　比賽很有趣。每週結果出來，0050的報酬都會在接近排名中間的位置，但每週的第一名股票卻很少重覆。而到了年底做結算，0050的年度績效，居然是排在當年度眾多參賽鄉民的前1/3位置。

　　當時有很多人被這件事情所撼動。原來自己汲汲營營選股

操作，最後居然不敵一檔老老實實、簡簡單單追蹤市場變化的指數型基金。所以很多人在 2017 年，改採用定期投入 0050 的投資方式。

另外一個實驗，則是從 2017 年 5 月持續進行到現在。

這個實驗非常簡單，我也參與其中。我們透過正確的指數化投資原則，選用極簡單的三～四檔（也可能精簡到只剩兩檔）大範圍市場指數型 ETF。

在這段期間內只有持續執行定期投入，檢視資產比例，確實完成再平衡這些步驟。每年花不到幾個小時，就完成了一年內絕大部分的投資行為。各位猜猜看到今年八月（2021/8）發生了什麼事？

經過統計，參與的 600 ～ 700 人，在這四年間，經由實驗累積出，合計超過六億台幣的財富！我們看到這樣的成就非常振奮，這是屬於廣大臺灣鄉民們的勝利！

原來國外柏格頭論壇所推薦的「三市場指數基金」投資策略，也可以在臺灣無痛使用，並且具備一樣優異的效果！

如果你想跟我們一樣順利度過 2020 年的疫情重挫，並且在過去一年多用最簡單的八成全球股票（VT），搭配兩成全球債券（BNDW）投資組合，來得到 30％以上的報酬增長，那麼「三市場指數基金」投資策略，就會是你及臺灣廣大投資人的最佳解方！

強健、可行的三基金，
無疑是投資人首選

綠角

（財經作家）

你是否一想到投資，就覺得頭大？假如要買股票，是不是要會看財報、分析數字，才是一個稱職的投資人？假如要買基金，是不是要分析基金成本、經理人投資風格，小心挑選，才不愧對自己的辛苦錢。

投資之後，還要面對市場起伏，經理人表現不如預期的考驗，難怪許多人面對投資裹足不前，或一路跌跌撞撞，付出高額代價。

投資其實可以很單純。解答就是本書主題——三基金投資組合。

股市部位由兩支標的組成，分別是美國全市場指數型基金與整體國際股市指數型基金。債券部位則採用整體債券市場基

金。就這樣，三支標的，你就得到股債搭配，而且還是全球股市分散的低成本投資組合。

簡單，所以容易執行。費用低，所以大多成果將留在你的手上。指數化投資避免了經理人風險，你不必再擔心主動經理人落後市場的問題。這是一個實際可行，容易起步，而且只需花費些許心力就可以照顧的投資組合，而且好處不僅止於此。

許多人一想到投資，就想到要如何挑選股票，卻忽略了更重要的問題，那就是自身的資產配置。投資組合中高風險與低風險資產的比重，將很大部分決定預期報酬與波動程度。這才是真正要花心力決定的重點。三基金投資組合，免除了選股問題，直接參與整體市場，讓投資人將心力放在更重要的資產配置。三基金投資組合，也避免了主動選股的誘惑。

講到投資，誰不希望得到更好的成果。於是自行選股，或是買主動型基金，結果往往是落後市場。實證一再指出，時間愈長，主動投資落後市場的比率愈高。三基金投資組合完全使用低成本指數化投資工具，避免選股造成績效落後的窘境。

本書以美國投資人為預設讀者，身為台灣投資人，可以進行一些修改。

譬如書中提到，要選用基金還是 ETF 的問題。台灣投資人透過美國券商投資美國當地基金會受到限制，所以實際執行是用指數化 ETF，分別是代號 VTI、VXUS 與 BND 這三個標

的。

第二個問題則是美國股市與國際股市的比重。書中的建議是將股市部位的八成投入美國市場，兩成投入國際股市。這對美國投資人是合適的比率，但對台灣投資人來說，未必會希望如此偏重美國。可能會用美國 50％，國際股市 50％，這個較接近市值比重的比率。或是直接使用一支全球股市 ETF，譬如 VT，來投資全球股市。

第三個是債券部位，書中建議的是 BND，這是美國投資級債券市場 ETF。對於台灣投資人，假如要進行更分散的債券投資，可以採用全球投資級債券市場 ETF：BNDW。

書中提到實際執行的五個步驟。台灣投資人不需決定免稅與課稅帳戶，不必決定基金還是 ETF（一般會用 ETF），基本上只要決定股債比，就可開始執行，比美國投資人更加簡單。

困擾著不知如何開始投資嗎？

打開本書，你就會看到一個強健、可行、能讓你避開許多錯誤，享受金融市場成果的實際投資方法。

各界讚譽

「忘了挑選股票個股這回事吧。不要再找有名的投資顧問代為操作你的基金，也不要再猜測市場的方向，這些都是沒有意義的，不過是把你的錢送給華爾街，使其更富有而已。相反的，聽聽泰勒・雷利摩爾的話，去投資三市場指數基金——讓自己走上更可靠的金融成功之路。」

——喬納森・克雷蒙（Jonathan Clements），《慢慢致富》作者

「絕大多數投資產品和服務都讓人超出負荷，成本過高，其實不需如此。在這本簡單易懂的書中，頭號柏格頭信徒泰勒・雷利摩爾指出，無論你是初踏入投資領域或早已是長期投資人，這三個低成本的共同基金，才是你成功投資人生中真正需要的東西。一直以來，泰勒的口號都是『簡單至上』，而本書完美的呈現出這點。」

——克莉絲汀・班茲（Christine Benz），晨星公司資深專欄作家

「一般來說，我們怎麼能夠相信太好的績效是真的。但是泰勒的投資策略卻是個例外。如果遵循泰勒單純且簡單的投資策略，大多數投資人的狀況會好得多，這將對他們的生活產生深遠的影響。」

——喬治·U·加斯·索特（George U. "Gus" Sauter）

領航集團已退休投資長

致謝

這年頭很少人自己寫書了。我讀過數百本書、數千篇文章，以及晨星和柏格頭線上投資論壇的數萬篇貼文。我也看過許多影音和廣播採訪。在這本書中，我將與你分享我從這些資源中學到的知識總結，以及我活到 94 歲這把歲數，所經歷過的試錯投資智慧和觀點。

我深深的感謝塔夫·古爾德（Taffy Gould）、梅爾·林道爾（Mel Lindauer）和我兒子麥克·雷利摩爾（Michael Larimore），謝謝他們在文章編輯上的幫忙，和處理所有電腦文書的工作。梅爾是我前兩本柏格頭投資系列叢書的合著者，在我準備這第三本書時，他也提供了非常寶貴的建議。

最後，我要表達我對比爾·法倫（Bill Falloon）的感激之情，他目前任職於約翰威利出版社（John Wiley & Sons），擔任金融與投資類執行編輯，因為比爾的努力不懈，使得本書成為也值得加入柏格頭系列的叢書之一。

致我摯愛的妻子派翠西亞·史黛克門·雷利摩爾

（Patricia Steckman Larimore），

我們互信互愛的 62 年光陰、

塔夫·古爾德與我共享人生的黃金歲月，

還有約翰（傑克）·柏格（John C. Bogle），

他創立了三種整體市場指數資金，使得三基金投資組合成為可能

三基金投資組合，
是經得起考驗的明智決定

　　能把新舊事物融合得如此完美，實在是一件了不起的事情。首先，第二次世界大戰後，退役軍人泰勒・雷利摩爾（編按：他是 1924 年出生的陸軍退役軍人，佛羅里達州邁阿密市受人敬佩的傑出市民）為了對抗通貨膨脹，於是有了為投資人建立一個更好投資環境的想法。十年之後，現代科技創造出前所未有的社交網絡發展機會，也開啟了人際之間透過網路互通的全新局面。人類與科技的結合，為個人投資人創造出以投資人為導向的網站。

　　現代科技就是指網際網路的誕生，讓領航共同基金（Vanguard mutual funds）得以向大眾分享他們的理念、投資經驗以及投資策略，如同他們所說：「大家得到的資訊都會一樣平

等」。

　　泰勒於 1998 年成立了「領航死忠粉絲會」（Vanguard Diehards），並於 2007 年在新網址更名為「柏格頭」（Bogleheads）。死忠粉絲第一屆會議於 2000 年 3 月舉行，當時我與 20 多位領航投資人參加了泰勒在邁阿密公寓中舉辦的晚宴，在愉快的對談中，我們聊著投資策略與政策相關的話題。

　　2001 年 6 月 8 日，我們前往位於賓州福吉谷（Valley Forge）的領航之家，有 40 名柏格頭信徒出席。之後到了芝加哥，晨星公司在這裡舉辦了為期三天的聚會，精心挑選了 50 位投資人參與。接著，2004 年又在丹佛進行渣打金融分析師的會議，這次共有 90 位柏格頭信徒參加。

　　2008 年前往聖地亞哥，2009 年則是在沃斯堡（Fort Worth）舉行會議。此後，便選定了費城地區領航總部附近的一家中型酒店，為每年會議的舉辦場所。酒店僅能容納 225 位柏格頭信徒，往往一開放登記名額，便很快額滿——自此之後，每年會議都是座無虛席。

　　會議在每年 10 月間舉行，在所有舉辦過的會議裡，跟柏

格頭信徒交談，是我一貫的習慣。我為領航集團記錄、摘要所有財經重大事件，十年來從未間斷，內容包括共同基金行業及金融市場的事件，然後將這些紀錄歸檔管理（此行事風格一直迄今）。

泰勒·雷利摩爾被非官方暱稱為「柏格頭之王」。他的朋友梅爾·林道爾被稱為「柏格頭王子」。梅爾負責籌辦這些年度聚會，以及規劃專家們在會上演說的範圍，這些專家們包括財經作家（和投資顧問）：威廉（比爾）·伯恩斯坦（William〔Bill〕Bernstein）和理查·菲利（Rick / Richard Ferri）。近年來，領航集團已退休的前首席投資長喬治·索特（George "Gus" Sauter），儼然成為領航集團常態性的發言人。

對於柏格頭論壇龐大網路的瀏覽者來說，因受限於聚會的場地規模和範圍，參與者簡直就是九牛一毛。迄今為止，柏格頭論壇網站每天都有多達 450 萬個點閱率，最高紀錄則是在單日之內，網站被 9 萬多人瀏覽過。我相信**此論壇是美國最受歡迎的金融網站**。

那麼為何不加入這個論壇呢？論壇成員們都希望彼此互相幫助。成員之間互相傳授財經知識，其實無利可圖，參與者也

無需花任何一毛錢。「**無私分享**」是此論壇的唯一準則。

投資就該「簡單至上」

　　泰勒·雷利摩爾參與了較早期兩本書的寫作及出版，都吸引了大量的投資人拜讀：《鄉民的提早退休計畫〔觀念版〕》（*The Bogleheads' Guide to Investing*）和《柏格頭的退休計畫》（*The Bogleheads Guide to Retirement Planning*）。在這本《鄉民的提早退休計畫〔實踐版〕》中，泰勒獨自開發他內心最想要的投資主題——**使用三種整體市場指數基金：領航整體股票市場指數基金**（美國股票市場；Vanguard Total Stock Market Index Fund）、**領航整體國際股票市場指數基金**（非美國股票市場；Vanguard Total International Stock Market Index Fund）**和領航整體債券市場指數基金**（美國債券；Vanguard Total Bond Market Index Fund）。

　　泰勒的想法結合了極度多樣化、股票及債券間的合理平衡投資、稅務效益極佳。「簡單至上」是一種口號。是的，正如他所說，**在三種資產分類中，資產配置的比例將取決於投資人的投資目標、風險承受能力、年齡和財富。**即使投資人本身的

個性適合投資，但金融市場是變化難測的，有時你可以在金融市場獲利，有時（極常發生）卻是市場把你的錢賺走了。

我預估有數千名的領航投資人已經訂閱「三基金投資組合」。但其實泰勒最初的構想是根據每個投資人的目標、資金投入時間長短、風險承受能力和個人財務狀況，去判斷該投資三指數型基金中的哪一支基金會較為適合。

投資國際市場，最多 20% 即可

在 1994 年我出版的第一本書《柏格談共同基金》（*Bogle on Mutual Fund*），我談到一個長期投資人，根本無需將任何資金分配給非美國股票市場。但如果投資人不同意這個說法，他們應該將其占比減持到 20% 即可，不然容易有其他額外的風險（例如，匯率風險和主權風險）。

我的觀點是基於我的預期，即美國經濟將繼續增長，美國企業市場價值增加的速度，將快於非美國企業的市值。自 1994 年以來，我們可見美國標普 500 指數已經上漲 743%，而歐洲、大洋洲和遠東國家（EAFE）這些非美國股票指數，僅上漲了 237%。

也許是好運被我說對了。但現今美國已經主導了全球股票市場將近 25 年，也該是時候換非美國股市輪漲，而非美國一枝獨秀。誰知道呢？誰知道明天會發生什麼事，但我仍傾向堅持我之前的結論，就是**持有非美國股票最多不超過 20%**。

對於美國投資人，泰勒則建議應該將 20％的股權分配放在整體國際股票市場指數基金中。而這 20％的建議比例，是我建議的最高的 20％，和領航研究建議的最低 20％之間的折衷。

被動型基金的績效，絕對更勝主動型

請注意，資產配置要點僅占本書的一小部分。考量到需兼顧經驗豐富的投資人及投資新手的需求，這本書會將內容著重在投資觀念上。泰勒細述他是如何費盡千辛萬苦，才學到的投資經驗——拿自己的血汗錢冒險投資，投報率卻不理想。起初他聽信投資社團的意見，憑著自己的判斷，想靠挑選個股來打敗市場；後來他轉而投資當下最熱門的共同基金，希望擁有高投報率，換來的只是回到原點的命運；他也曾經追隨報章雜誌聲稱能夠打敗市場的財經消息，去做股票，但結果當然失敗；再後來他跟隨一位收取高額手續費的股票顧問，聽從他的建議

去投資，但也是被市場打敗。

最後，泰勒讀了我的第一本書《柏格談共同基金》，被我無懈可擊的**成本假設**說服了：**市場總報酬率減去投資成本，等於淨報酬率**。如果積極的投資人頻繁進出股市，那麼扣掉頻繁交易的高成本後，報酬都被成本費用給吃掉了。指數投資人也是投資股市，但成本僅需付出最低的手續費用。因此平均來說，**主動型管理的投資組合，一定比平均指數投資組合的表現遜色**。指數型基金是保證唯一能讓你得到應有報酬的投資方法。

泰勒又列出了市場指數的許多其他優勢，包括省下投資顧問費、無個股重壓風險、不會投資單一產業和不易有績效指標追蹤誤差風險等，這裡僅略提幾點。他還引用了許多支持指數投資專家的話，例如大衛‧史雲生（David Swensen）、華倫‧巴菲特和保羅‧薩繆森（Paul Samuelson）。諾貝爾得獎者威廉‧夏普（William Sharpe）在他具有影響力的論文〈主動投資的運算〉（The Arithmetic of Active Management）下了結論，寫道：「如果衡量得當，在扣除成本之後，主動式管理資金的平均表現，一定比被動式管理資金的表現差強人意。而反駁此一原則的分析，似乎是由於測量不當。」

三基金投資組合將幫助你的資產分配策略更加穩健，讓你做出明智的投資選擇，指引執行你的投資計畫。泰勒給了最後一項建議，那就是在整個漫長的投資生涯中，他不斷重複述說的座右銘：**堅持到底**。正如我在我的書《共同基金必勝法則》（*Common Sense on Mutual Funds*）中所說，在投資共同基金這件事，「無論發生什麼，堅持執行你的投資計畫。『堅持到底』，我是非常認真的給你建議。這是我能給予最重要、單純的一句投資金言。」

「堅持到底」的柏格頭哲學

在 2005 年撰寫《鄉民的提早退休計畫〔觀念版〕》一書的前言時，我引用了《民主在美國》（*Democracy in America*）一書中的表達方式，這本書是 1835 年，大約兩個世紀前由阿勒克西・德・托克維爾（Alexis de Tocqueville）所著。

> 一旦美國的一些人民接受了他們想提倡的觀點或想法，他們會尋求彼此的協助，而且一旦他們發現彼此，便會聯合起來。從那一刻起，他們將不再孤獨，而這是一股可從遠處看見的力量，將成為人們仿效的行動，與傾聽的話語。

是的，在泰勒·雷利摩爾的帶領下，柏格頭論壇已經成為獨立、公正投資訊息領域的一股力量。記得一定要去拜訪柏格頭論壇網站。經常造訪該網站，你可以在渴望為你服務的聰明投資人所提供的想法交流帖上，測試自己的投資決策，你會發現有一群投資人相信我堅如磐石的長期投資哲學，只專注於廣大市場中的低成本指數型基金。當你加入論壇時，可以與其他有資產分配經驗的投資人交流自己的想法，以及其他許多問題。

指數型基金的設計，只是為了確認你可以在三基金投資組合中的各個部分，獲得合理的報酬，或是符合你期望的任何其他指數投資的策略。欣賞泰勒的精彩著作，可以了解指數型基金的優勢，並得到低成本投資的好處。人生總會有些艱難的時刻，讓我們恐懼，甚至感到恐慌，但世界依然轉動。當那些艱難的時刻到來時，記得，一定要堅持到底！

約翰·柏格

2017 年 9 月 21 日

柏格頭
10 大投資哲學

經常有人問我：「三基金投資組合有什麼過人之處？」

答案很簡單：靠著三個低成本的整體市場指數基金，從過往績效表現來看，絕大多數共同基金的投資人，績效表現優於一般投資人。

我將從頭開始與你分享一些多年來，我費盡千辛萬苦才學到的投資經驗。是的，我並非投資專家，但卻想與你分享我所看到的世界。

繁華二十世紀的特點在於股市一片榮景。道瓊工業指數從 1920 年的低點 66 點，開始上漲到 1929 年的最高點 381 點。

然而，隨之而來的是美國史上最可怕的熊市。道瓊指數下跌了
89%，一直跌到 1932 年的低點 41 點（若下跌 89%，代表需
要上漲 909% 才能恢復元氣）。如果你把財產全壓在股市裡，
這暴跌的熊市對你而言將是場災難。

我出生於 1924 年，第一支開放式共同基金麻州投資信託
基金（Massachusetts Investment Trust），也是在該年成立。和
共同基金極為相似的，在當時被稱為「投資信託基金」。1929
年，我的祖父克里斯多福・庫姆斯（Christopher Coombs）曾
是當時全球最大投資信託基金——聯合創始人企業（United
Founders Corporation）的三大巨頭之一。早先被稱為投資信託
基金，後來改稱為「共同基金」，我想我與基金的關係，必定
就是我與生俱來該走的路。

1929 年美國開始了長期且可怕的大蕭條。失業率從全國
勞動力的 3%，上升到 25%。超過 8500 家美國銀行倒閉。那
時沒有像現在有政府提供的美國聯邦存款保險公司（Federal
Deposit Insurance Corporation, FDIC），為大多數的存款提供
25 萬美元的保險。在那可怕的大蕭條時期，許多人因銀行倒
閉而失去終身積蓄。

我的父母在波士頓郊區擁有一家餐廳。因為經濟不景氣，能夠負擔得起外出用餐的人也大幅減少。隨著餐廳顧客愈來愈少，我的父母只好關閉餐廳。由於沒有其他收入（當時沒有社會福利金和失業補償金），我們一家人搬離波士頓，搬去祖父在邁阿密的濱海豪宅。但幾年後，祖父和聯合創始人企業都破產了。他的房子被法院法拍賣掉，我們被迫搬進邁阿密的一個小公寓。對我們所有人來說，這都是意想不到的衝擊。

這是我個人對股市的介紹。

☑ **經驗傳承：100%的股票投資組合是非常危險的。**

第二次世界大戰後我從邁阿密大學畢業，第一份工作是人壽保險銷售員。在互惠人壽保險公司（Mutual Benefit Life Insurance Company）擔任業務，在所有新進員工裡，我是佼佼者，我開始認真賺錢。仗著我對股票的一知半解，我和其他朋友一起加入新成立的股票投資社團當會員。這個社團是由巴赫公司（Bache & Co）的股票經紀人所成立。我們的想法就是，每個成員每月捐出 50 美元來購買個股，而標的是我們三人自創的投資委員會所精心挑選的個股。投資社團裡的成員一開始非常樂觀，也受到巴赫公司股票經紀人激勵，很快的，他成了

我們的「朋友」（我從來不知道原來所謂好的業務，就是要試著成為你的朋友）。不幸的是，我們投資社團的選股能力不足，儘管我們認真分析個股，但最終才了解，我們的股票報酬（扣除隱藏的經紀成本後）表現仍不及整體股市。於是我們終結了投資社團的實驗。

這是我個人對選股的介紹。

☑ **經驗傳承：股票經紀人是不可以相信的，也絕對不會是你的朋友。**

投資社團解散後，我覺得靠自己應該可以做得更好，所以繼續買賣個股。過了幾年，事實證明我在選擇個股的操作，甚至比當時投資社團的投資委員會還差強人意。但幸運的是，這徹底結束了我想靠買賣個股去打敗市場的想法。

❝

你不可能每週只花幾個小時研究股票，就想要與那些畢生職涯都在研究股市的頂尖知識分子匹敵。

——大衛・史雲生，耶魯大學首席投資長

❞

☑ **經驗傳承：避免投資個股。**

投資個股的失敗經驗，讓我下定決心要找到更好的投資方法。我開始定期去圖書館大量閱讀投資相關書籍，學習如何「打敗市場」。

圖書館裡有著數十種金融期刊。當時最受歡迎的金融期刊是兩週出版一次的《共同基金之展望》（*Mutual Fund Forecaster*），它列出了數百支共同基金，並顯示它們過去各個時期的績效表現。這個雙週刊會提供建議買進最佳績效的基金，以及賣出績效最差的資金。因為推薦的原因看起來似乎很合理，於是我也訂閱了雙週刊，開始投資共同基金，並傻傻的聽從期刊的建議而操作了幾年。讀者應該猜得出來發生了什麼事。

我們的投資組合還是表現得不如市場，聽從期刊建議的計畫，最終宣告失敗。

☑ **經驗傳承：過去的績效並不代表未來。**

大多數的金融期刊都是由推崇市場擇時理論的作家所撰

寫，他們相信（或他們假裝相信）自己可以預測牛市和熊市。通常，所有探討市場擇時理論的書看起來都預測得很準確，但其實作者是選定某一段期間的表現，來符合他們預測的結果。我決定給市場擇時理論一次機會，我遵循了期刊中各種市場擇時理論給出的預測建議，又操作了幾年。讀者應該又猜到了，我的成績並不理想。我投資的基金績效依舊落後市場，而遵從建議賣掉的基金，通常還表現得比較好。

> 進入金融業這行將近 50 年，我還沒看過有人使用市場擇時理論而成功的，甚至我的朋友也沒聽過他們的朋友，有靠此理論而成功的。
>
> ——傑克・柏格

☑ **經驗傳承：訂閱金融期刊是浪費金錢，而市場擇時理論並不管用。**

無所畏懼的我，這次抱著「打敗市場」的實驗，是研究大型晨星共同基金報告書。那厚達六英寸（編按：約 15 公分）且每兩週更新一次的報告書，在多數大型的圖書館裡都可以找

到，但後來改成電子書，不再以印刷形式發行。

透過研究共同基金過去的表現，我發現到晨星選出表現最好的那些五星級基金，最後，排名都會掉到倒數幾名吊車尾，這就稱做「回歸均值」（reversion to the mean）。在投資界，這就相當於萬有引力，隨著時間推移，牛頓的高飛股或股票共同基金將會下跌。這讓我大開眼界，因為閱讀大多數報紙和雜誌上的所有共同基金排名，我以為我要做的就是投資前幾名的共同資金，來「打敗市場」。不然這些基金排名還有什麼參考意義？（答案就是：不要再相信報紙和雜誌）

2002 年，當傑克・柏格正在為他將於芝加哥舉辦的晨星投資會議上發表的演講「The Telltale Chart」（編按：該圖表是用來比較證券的表現，也被稱為價格相對〔price-relative〕或相對強度〔relative strength〕圖表）潤飾時，我坐在他旁邊。本次主題演講，傑克用了許多圖表佐證，談了回歸均值等議題。他的演講讓所有參加會議的人收穫滿滿，並成為更好的投資人，我相信這個演講內容也可以幫助你。你可以使用以下連結閱讀該演講：

https://www.vanguard.com/bogle_site/sp20020626.html

> 根據過去的績效表現來投資基金，是投資人所做出的
> 最愚蠢的事情之一。
>
> ——傑森‧茲威格（Jason Zweig），
> 《華爾街日報》專欄作家

☑ **經驗傳承（再次強調）：過去的績效並不代表未來。**

1986 年間，我們將家族的證券投資從美林證券（Merrill Lynch）轉移至領航集團，這是一個非常不容易的決定，因為我們原來的證券經紀人是來往許久的朋友，他有時會邀請我們搭乘他美麗的帆船去航行（但我現在意識到了，這其實也是我們付的錢）。[1] 離開美林證券之後，我們之前的證券經紀人當然再也沒有邀請過我們去航行。

回顧過去，離開美林證券並轉移到領航集團，是我們做出最好的財務決定。

1　事實證明，我們並不孤單。你應該也會喜歡閱讀小弗雷德‧史維德（Fred Schwed, Jr.）的著作《客戶的遊艇在哪裡？好吧。也可以稱之為「揭開華爾街真面目」》（*Where Are the Customers' Yachts? or A Good Hard Look at Wall Street*）；此書由傑森‧茲威格專文推薦。

☑ 經驗傳承：避免跟隨知名昂貴的股票經紀人，即可避免其操作所隱藏的費用。

我藉著領航集團的免佣基金（no-load funds；編按：一般銷售佣金或稱基金手續費，就有分前收、後收和遞延三種）且低手續費來打敗市場，我們累積了 16 支當時績效非常好的領航集團基金（主要是主動型管理基金）。若我們投資的其中一支基金表現不佳，我會替換成績效表現更好的基金。當時我並沒有想到，我都買在高點而又賣在低點。理所當然，我們的投資組合還是落後了市場。

☑ 經驗傳承：買高賣低是一種失敗的投資策略。

1994年，我很幸運的讀了柏頓・墨基爾（Burton Malkiel）教授的著作《漫步華爾街》（*A Random Walk Down Wall Street*），和約翰・柏格的第一本書《柏格談共同基金》。這兩本書像盞明燈似的照亮了我，徹底改變了我自以為是的投資模式。基於學術研究，他們兩位都說服了此書作者泰勒變成指數信仰者（「指數化」是指擁有某個類別的所有股票，而不是挑選單支個股）。

我收藏並閱讀柏格先生所寫的每本書。我相信傑克不僅帶領我進入三基金投資組合的領域，也讓我擁有舒適的退休生活。我總是跟朋友說：「我的房子是拜傑克所賜！」我相信我的許多朋友和柏格頭信徒，也都會說出跟我一模一樣的話。而我們所做的，就只是遵循簡單的柏格頭投資哲學：

柏格頭投資哲學

1. 制定可行的計畫。
2. 儘早開始投資。
3. 切勿承受過多或過少的風險。
4. 多樣化投資。
5. 永遠不要試圖猜測市場。
6. 盡可能使用指數型基金做為投資工具。
7. 維持低成本支出。
8. 降低交易付出的稅金。
9. 簡單投資。
10. 堅持到底。

▶ 柏格頭鄉民這麼說

「泰勒,在我剛開始投資時,因閱讀到你發表的文章和補充閱讀書籍,讓我相信這三基金投資組合的智慧。基金的固定收益照顧了我的家庭,並讓我有了更多時間和精力去做生活中更重要的事。」

——EM

「拜讀你 1999 年在領航死忠粉絲論壇 M*〔晨星〕裡發表的三基金投資組合文章,使我走上投資這條路,了解到簡單投資的理念。我將永遠感激你這些年來的投資建議。」

——SU

「年紀愈大,我就愈相信,對於大多數投資人而言,三基金投資組合絕對是絕佳的選項。」

——AB

「我發現堅持使用三基金投資組合（或接近這樣投資組合）的最佳理由：就是經驗。我們花了將近30年的時間才了解簡單投資的價值。如今，我們不會偏離基本面：整體股票市場、整體國際股票市場和整體債券市場（我必須說，這令我感覺如釋重負）！」

——BT

「感謝你和柏格頭投資哲學，我的三基金投資組合已成為我資產配置的 50 ／ 50，而這是我人生中做過的最棒的事情之一。」

——UL

就像數數一樣簡單的想法，其實最不簡單

簡單的想法都是很類似的，也許大多數人的想法遠比我偉大。但是請記住，「簡單」並不代表「簡單

化」。道瓊市場觀察（Dow Jones MarketWatch）專欄作家保羅·法洛（Paul Farrell）分享了八個傑出投資組合的資訊，他稱其為「懶人投資組合」。其中包括來自耶魯大學捐贈基金會首席投資長大衛·史雲生等名人的建議，像是擁有 250 億美元資產管理公司 AJO Partners 的創始人泰德·阿倫森（Ted Aronson）、《咖啡館投資人》作者比爾·蘇西斯（Bill Schultheis），以及個人投資類暢銷作家史考特·柏恩斯（Scott Burns）和比爾·伯恩斯坦。

有趣的是，當中最簡單的就屬「小二學生投資組合」，如同三基金投資組合，也同樣適合年輕族群的入門投資人，就像財務顧問艾倫·羅斯（Allan Roth）的兒子凱文·羅斯（Kevin Roth）一樣。艾倫·羅斯是「財富邏輯」投資諮詢暨財務規劃公司（Wealth Logic, LLC）的創辦人，也是專欄作者和作家。這對父子合著了《我 8 歲，我會自己賺錢！》（*How a Second Grader Beats Wall Street*），當時凱文只有八歲。

在過去 12 年中，這對父子的投報率對照三基金投資組合（這是所有柏格頭信徒都熟悉的）的結果，

可能會讓你感到很驚訝。該投資組合積極分配在股票上，這與未來長壽的年輕投資人應該投資的方式一致。硬數據（編按：指反映實質面的經濟數據）顯示，簡單的勝利就是像凱文一樣早點開始投資。以下是由市場觀察專欄於 2017 年 1 月發布的比較結果：

八個「懶人投資組合」的整體報酬率（total return）一覽表

投資組合	一年投報率	三年投報率	五年投報率	十年投報率
阿倫森家族應稅投資組合（Aronson Family Taxable）	20.16%	8.85%	8.76%	6.77%
FundAdvice 終極買進 & 持有投資組合（FundAdvice Ultimate Buy & Hold）	14.73%	6.31%	6.47%	5.09%
伯恩斯坦博士的智慧貨幣投資組合（Dr. Bernstein's Smart Money）	14.11%	7.35%	8.09%	6.17%
咖啡館投資人組合（Coffeehouse）	12.41%	6.68%	8.13%	6.76%

耶魯大學非典型投資組合（Yale U's Unconventional）	14.68%	6.39%	8.05%	6.72%
伯恩斯坦博士的無腦投資法投資組合（Dr. Bernstein's No Brainer）	20.00%	9.07%	9.88%	7.04%
瑪格麗特資產配置投資組合（Margaritaville）	19.39%	8.36%	7.74%	5.58%
小二學生投資組合（Second Grader's Starter)	24.92%	11.33%	11.77%	7.55%
標普 500 指數（S&P 500）	26.64%	13.97%	15.98%	10.16%

資料來源: http//marketwatch.com/lazyporfolio

　　「投資組合的成功與否，通常取決於其複雜程度，」艾倫・羅斯指出「我見過的一些最糟糕的投資組合非常複雜，以至於投資人不知道他們該採用什麼策略。我的投資理念一直都是簡單至上，而且我並不孤單。」

　　艾倫與我的理念相近。選擇符合你的財務目標的

股票／債券配置，並有紀律的接受市場有時會出現的波動（這將顯示出你的「風險承受度」）。千萬不要買高賣低，成為自己的敵人。你可以像我、像凱文、像其他所有人一樣，隨著年齡增長，適時調整這三基金投資組合的分配比例，你會發現堅持這樣的投資計畫，其實容易得多了。

資料來源：艾倫・羅斯，〈投資應該很簡單：你只需要一個三基金投資組合〉（Investing Should Be Simple: A Three-Fund Portfolio Is All You Need），AARP，2016年11月3日

第 1 章

大多數經理人不會為你設想，而是設法扒光你的錢

世界上最大型及最有利可圖的行業，莫過於美國的投資相關企業。在 2013 年，美國消費者金融保護局做的一項研究指出：「金融機構及其他金融服務提供商，每年在消費金融產品和服務上的總支出，包括宣傳廣告和直接行銷，大約是 170 億美元。」這些錢就是從投資人的口袋出來，流入企業老闆、經紀商、財務顧問，和其他犧牲投資人利益以獲利之人的口袋裡。

理查‧菲利（Rick Ferri）是一名特許金融分析師（Chartered Financial Analyst，簡稱 CFA）、前股票經紀人、已退休財務顧問，以及著有八本財金書的作者，他曾寫道：「讓我們面對現實吧：**大多數投資公司的業務都是為了從你那裡賺錢，而不是幫你賺錢**。你在佣金和費用支出中節省的每一美元，都將直接用於你的底線。」

就像博弈業希望人們以為自己可以打敗賭場，投資業希望投資人自認可以打敗市場一樣。當然，少數幸運的賭徒確實能在賭場上獲得勝利，但大多數的人都是輸家。這道理同樣也適用於投資人身上：有些人可以打敗市場，但大多數的人都是輸家。

為什麼有些投資人的投資績效驚人，但其他投資人做不到呢？普林斯頓大學教授柏頓・墨基爾啟發了我的「開燈時刻」，在他的經典著作《漫步華爾街》的前言提到：「即使是蒙上眼睛的猴子，向報紙財經版面投擲飛鏢，也可以選到如同專家精心挑選似的好的投資組合。」

當然，這代表著在一間充滿猴子的房間裡，就跟充滿共同基金經理人的房間一樣，也是會有贏家。但很遺憾——對於猴子、經理人和投資人來說——贏家不太可能重複。

比爾・米勒（Bill Miller）就是一個完美的例子。米勒先生曾經管理過美盛價值信託基金（Legg Mason Value Trust, LMVTX）。他的基金是唯一可以連續 15 年打敗標普 500 指數的共同基金。於是在米勒成為共同基金界的名人後，許多投資人迫不及待的把錢投入他的基金。不幸的是，就跟許多獲勝的共同基金一樣，之後的 15 年，此基金跌到其晨星類別績效排名墊底的 1%。切記：回歸均值就像地心引力一般，確實也讓我們所有人回到了起點。

許多金融業者都討厭指數型，因為他們很難藉由出售低成本的指數型基金賺錢。這些金融行業花費數十億美元的市場試

圖說服我們，他們可以透過為我們選擇股票、債券和共同基金，幫助我們打敗市場（事實上，他們辦不到）。

在《赫伯特金融文摘》（*Hulbert Financial Digest*）出版 35 週年紀念版中，出版商馬克‧赫伯特（Mark Hulbert）寫道，當他在 1980 年開始追蹤基金動態時，共有 28 支基金，但這 28 支中，如今只剩下 9 支倖存下來，其他都下市了。在這 9 支之中，只有 2 支的績效曾經打敗市場（以美國道瓊威爾夏 5000 指數做比對）。以風險指數來說，28 支中僅有 2 支打敗過市場，這勝率也太低了。

柏格頭信徒近 20 年來一直在宣傳低成本的指數型基金和股票指數型基金（ETFs）的好處，現在已變得愈來愈廣為人知和接受。毫無疑問，指數型基金有著卓越的表現。2017 年 4 月《紐約時報》表示：「憑藉指數型基金的強大實力，領航集團吸引了比其他同業公司更多的資金。」

▶ 柏格頭鄉民這麼說

「我愈是努力藉由微小的調整來完善投資組合，三基金投資組合的內在智慧就愈明顯。這是個極佳且能直接解決複雜問題的方案。我敢說，這是一個非常優雅迷人的投資組合。」

——TT

「經過長時間的閱讀之後，我心中像是點亮了一盞明燈。我可能省下了數千美元，而且確實可以讓我再賺到幾百萬美元。」

——SN

「經過多年積極的『管理』自己的投資，現在我快要退休了，我決定採用較被動的三基金投資組合方式。在廣泛閱讀這個主題後，並根據我過往的投資經驗來看，我已經成為了它的信徒。它的簡單性和長期的績效，是一件很美好的事。」

——NY

> 「泰勒，謝謝你的三基金投資組合。在 56 歲的時候，我經歷過 2 個投資顧問，然後我自己又花了 5 年時間追逐阿爾法系數（Alpha；編按：這是衡量基金本身績效能力的一項指標），在去年秋天的虧損後，我終於放棄了。現在我把所有資產都轉移到領航集團，而且我只使用三基金投資組合。」
>
> ——DA

伯恩斯坦的大膽假設悖論

比爾‧伯恩斯坦離開了神經科醫生之職後，成為了百萬富翁的財務顧問，他寫了一本短短只有 45 頁的小冊子《如果你可以》（*If You Can*），針對的是千禧世代的年輕人族群，但也適用於所有投資人。他寫道：

如果我告訴你有一種投資策略，連 7 歲的孩子都可以理解，你會相信嗎？你每年只需工作 15 分鐘，長遠來看，你的績效會超過 90％ 的金融專業人士。這能讓你成為百萬富翁嗎？這是真的，就是這樣簡單。如果你的職業生涯裡都遵循此投資策略，就幾乎可以打敗大多數的專業投資人。更重要的是，你將會累積可觀的積蓄，安穩退休。

伯恩斯坦的投資策略就是：首先，在你 25 歲時，把薪水存下 15％，放入 401（k）、IRA 或應稅所得帳戶（或全部三個）。再將這筆存款分別投資在三種不同的共同基金：

- **美國整體股票市場指數基金。**
- **整體國際股票市場指數基金。**
- **美國整體債券市場指數基金。**

這本精美的 PDF 小手冊，可在以下網址免費獲得：https://www.etf.com/docs/IfYouCan.pdf

第 2 章

柏格頭論壇的宗旨：
給投資人一個公平的機會

傑克（他喜歡人們這樣稱呼他），柏格是領航集團的創始人——這是一家由投資人，而非創始人或外部股東所創辦的共同基金公司。[2] 這對領航集團的投資人來說是個大禮物，因為這意味著與其他基金公司不同，領航集團不使用部分投資人的報酬來付給公司股東，而是扣除公司的支出後，所有領航基金的報酬都歸領航基金投資人所有。這作為真的很了不起。

> 截至 2017 年 9 月 30 日這 10 年期間，領航集團的 9 支貨幣市場基金（Vanguard money market funds）、58 支債券基金（Vanguard bond funds）裡的 55 支、22 支平衡型基金（Vanguard balanced funds），以及 137 支股票基金（Vanguard stock funds）裡的 128 支——總共 226 支裡的 214 支基金——績效贏了理柏基金（Lipper peer group）同業的平均績效。
>
> ——領航報告

2　這本書如果沒有約翰（傑克），柏格是無法完成的。因為他發明了第一支零售指數共同基金，還有三基金組合裡的每一支整體市場指數基金。

> 傑克‧柏格是投資界中，少數願意提供一般投資人希望和夢想的人。他的演講和寫作都有著強烈的道德信念，即投資應該簡單、誠實和公平。
>
> ——珍‧布萊恩特‧奎因（Jane Bryant Quinn），
> 聯合專欄作家暨《賺你應該賺的錢》
> （*Making the Most of Your Money*）的作者

> 我把柏格的發明（指數型基金）與車輪、字母、古騰堡印刷機、葡萄酒和奶酪的發明並列在一起：這是一個從未讓柏格致富，卻提高了共同基金所有者長期投報率的發明。
>
> ——保羅‧薩繆森，諾貝爾經濟學獎得主

領航集團的優勢愈來愈廣為人知和認同。領航集團是目前世界上規模最大的共同基金公司，擁有超過 4 兆美元的資產。傑克‧柏格本來可以藉由自己公司的利潤分紅，輕鬆成為一名億萬富翁；但相反的，他選擇將錢回饋給擁有領航基金的投

資人。

我和我妻子1999年2月在佛羅里達州奧蘭多市「金錢秀」
（The Money Show）的研討會上，第一次遇到柏格先生。傑克
是該研討會的主講人。傑克在我們共同撰寫的第一本書《鄉民
的提早退休計畫〔觀念版〕》的序言中，描述了我們當時的第
一次會面：

> 直到1999年2月3日，我終於遇到我的第一個
> 柏格頭信徒。我在佛羅里達州奧蘭多市舉辦的「金錢
> 秀」研討會，就投資原則發表了可能有爭議性的演說
> 「投資文化的衝突：複雜化還是簡單化」（The Clash
> of the Cultures in Investing: Complexity vs. Simplicity），
> 這似乎讓邀請我演講的主持人感到驚訝，也讓贊助商
> 大大不悅（贊助商只想按照他們的方式賺錢），但這
> 場演說讓數千名個人投資人驚嘆不已。

> 在我演說之前，泰勒・雷利摩爾正和他的妻子佩
> 特（Pat）在一起，他向我介紹了自己。泰勒一直是
> 柏格頭論壇的非官方領導人，是我見過最優秀的人
> ──熱情、體貼、聰明、投資精準，並喜愛幫助別

人。第二次世界大戰的退役軍人和出色的水手，只是泰勒投資背景的一小部分。我之所以提到他的背景，是因為投資首先需要勇氣和紀律。第二，要認真制定計畫並堅持設定的目標，同時不畏市場波動。這些特質，都是成功投資人的主要特色。

我第二次見到柏格先生的機會，是 2000 年 3 月他去了邁阿密。這次在《邁阿密先驅報》（*Miami Herald*）「金錢秀」的研討會上，他依舊是主講人。梅爾‧林道爾和我在晨星的領航死忠粉絲線上論壇成為朋友。我們在論壇上發出了公開邀請，號召想加入我們第一次柏格頭信徒聚會的人一同晚餐，這場聚會將在我邁阿密的公寓舉行。剛好柏格先生在鎮上參加《邁阿密先驅報》的研討會，我試著邀請柏格先生加入我們的聚會，他竟然接受了邀請，這一定是命中註定！

對於 21 個參加聚會的柏格頭信徒而言，這真是個美麗的夜晚。我已故的妻子佩特準備了美味的佛羅里達龍蝦，給大家享用。柏格先生說道，他想要成立一家新型態的共同基金公司，可以讓所有投資人擁有，但面臨到一些困難。傑克以一貫的誠實與直率，回答了我們所有的問題。在隨後的幾年中，我也有幸能與傑克和他可愛的妻子伊芙（Eve）成為好朋友。傑

克在 2011 年的書《別指望它！》（*Don't Count On It*）中，客氣的提及我是他的「英雄」之一。當然，傑克才是真英雄，他有勇氣在發聲、出版和實際行動上與金融企業相抗衡，「給一般投資人一個公平的機會」。

如今，柏格先生與妻子住在領航校園（Vanguard campus）附近裝潢樸實的家中。他仍開著老舊的富豪（Volvo）汽車，戴著 14 美元的手錶，這手錶還是 1996 年柏格先生在醫院進行心臟移植手術時，朋友送給他的禮物。

傑克於 1999 年從領航集團主席之位退休。現在，他通常待在約翰‧柏格金融知識中心，繼續代表投資人工作。他是非常慷慨的人，他捐出了大部分的個人收入給慈善機構。

傑克‧柏格對世界的貢獻並沒有被忽略。他獲得了數百個獎項，其中包括被《時代》雜誌提名評選為「世界百大最有權勢和最具影響力人物」，《財富》雜誌則評為「二十世紀投資產業四大巨頭之一」。

如果要豎立雕像來紀念為美國投資人貢獻得最多的人，毫無疑問，那一定是傑克·柏格。

——華倫·巴菲特，
2016 年致波克夏股東的年度信函

▶ 柏格頭鄉民這麼說

「令人難以置信的是，泰勒提出的大多數投資知識，其實就是選擇簡單的策略。」

——UN

「感謝柏格頭信徒和泰勒·雷利摩爾，我學到靠自己的能力過活，並運用三基金投資組合來投資整體市場指數基金，未來我將會從三大市場獲得報酬，無論這些報酬是多少。」

——LO

「三基金投資組合在其理解深度和簡單性方面非常出色。」

——LE

「感謝你在這個平台上慷慨分享時間、知識，以及三基金投資組合的輝煌績效。」

——AL

第 3 章

買進並持有三基金，
幫你提早退休

現在，大家知道傑克・柏格和我第一次見面就成為好朋友的故事，讓我們繼續為像你我這樣的投資人探討投資的意義。我們一點一點的讓你有所收穫，了解投資就像是數一、二、三般如此簡單。

1976 年，柏格先生介紹了全球第一個零售指數共同基金（領航 500 指數基金），這支基金包含美國 500 支大型股票。

後來他決定要開發一個包含幾乎所有美國的股票，包括大型股票、中型股票和小型股票（編按：以市值大小而區分）的單一股票型基金，而這將是改進現有基金的一大進步。他認為還需要一個單一的、多元的、高品質的債券基金，以符合國際多樣化需求，於是他推出了三種低成本整體市場指數基金：

- **領航整體股票市場指數基金**（Vanguard Total Stock Market Index Fund, VTSMX）的投資人股別（Investor Shares；編按：給一般投資人購買的類型）和海軍上將股別（Admiral Shares，VTSAX；編按：給大額和長期投資人購買的類型），於 1992 年推出，投資人可以用極低的成本擁有 3500 多家美國公司的股票。投資人股別（最低 3,000 美元）的操作費用比率為 0.15％。海軍上將股別（最低 10,000 美元）的操作費用比率為

0.04％。用美元計算表示，投資人每年投資 10,000 美元，只要付出 4 美元的手續費。如此低廉的手續費，真的很不簡單！

- **領航整體債券市場指數基金**投資人股別（Vanguard Total Bond Market Index Fund Investor Shares, VBMFX）和海軍上將股別（VBTLX），於 1986 年推出，讓投資人得以擁有 8000 多種多樣化、高品質的美國債券。目前領航投資人股別的操作費用比率（用於支付部分年度費用的基金淨資產的百分比）為0.15％，海軍上將股別則為 0.05％。

- **領航整體國際股票市場指數基金**投資人股別（VGTSX）和海軍上將股別（VTIAX），於 1996 年推出，投資人持有6000 多種國際股票，也包括新興市場股票。前者的操作費用比率為 0.18％，後者的則為 0.12％。

在此向傑克・柏格致敬，這是有史以來第一次，一般投資人可以用驚人的低成本，投資超過 17000 個多樣化、沒有重複的全球股票市場。

投資人正在迎頭趕上這股潮流。目前傑克發明的三整體市場指數基金，也是目前全球同類基金中規模最大的基金。

> 我贊成把整體市場指數基金當作大多數投資人的最佳選擇。與其支付昂貴的費用請經理人從股市裡大海撈針，不如用最簡單的方法、最少的手續費，投資整個市場。
>
> ——約翰·柏格對投資分析師協會的發言

▶ 柏格頭鄉民這麼說

「我曾經在很多金融網站上閱讀許多財經類的文章，泰勒發表的『三基金投資組合』，輕易的贏得我心目中最棒的文章。」

——CL

「隨著退休年齡將屆，我愈來愈意識到自己欠柏格頭信徒太多了，尤其是泰勒。他的書帶領我去投資三基金投資組合，一切都不同了，我得以帶著驚人的

7 位數報酬安心退休。」

——DP

「三基金投資組合的簡單性、低廉的費用、低稅率和多樣化投資，實在令人讚嘆。」

——SG

「對於投資這件事，有太多複雜性和令人不解的資訊，三基金投資組合是一股清流，其精髓是這些年來約翰・柏格所教過我們的投資策略。」

——ST

理查 · 菲利／亞歷克斯 · 本克（Alex Benke）研究結果

2013 年 6 月，特許金融分析師（CFA）理查 · 菲利和他的研究員認證理財規劃顧問（CFP）亞歷克斯 · 本克，做了長達 28 頁的研究，他們將三基金組合中的三支整體市場指數基金，和 5000 個隨機選擇、可比較、主動式管理的投資組合，做了投報率的比較，期間分別為 10 年和 16 年（分別為 2003 ～ 2012 年和 1997 ～ 2012 年）。[3] 投資時間超過 16 年以上，指數投資組合的績效為 82.9%，他們得到的結論就是：

「指數投資組合持有的時間愈長，其表現相對於所有主動型管理的投資組合更佳。」

「一種多樣化的投資組合，就只有指數型基金，是所有資產等級裡最不易在短期內輕易被打敗的一

---

3 由貝特曼公司（Betterment）於2014年2月發表。

種，隨著時間流逝，更是立於不敗之地。」

　　「投資人因長期持有多樣化整體指數基金投資組合，離自己心中的財務目標更近了。」

第 4 章

三基金投資組合的 20 個優勢

優勢 1：省下顧問費

三基金投資組合非常易於維護。基於這個理由，大多數三基金投資組合的投資人可以避免額外的費用，而且也不會產生依靠證券經紀人或財務顧問的風險。

> 在過去十年中，投資人在尋求優質投資建議這件事上，總共浪費了超過 1,000 億美元。
>
> ——華倫·巴菲特，
> 2017 年致波克夏股東的年度信函

使用財務顧問時會有兩個主要風險：「能力不足」和「利益衝突」。

能力不足：美國大多數的州，對於成為經紀人或財務顧問的最低教育學歷要求，比成為美髮師或水電工還要低。大多數的州甚至連高中文憑也不要求，就可以成為經紀人或財務顧問。財務顧問被要求參加州別證照考試，而考試內容僅測驗金融產品的基本知識、各州適用的通識和中央聯邦法規。然而，

卻沒被要求接受金融規劃本身實質或正規的教育。

利益衝突：你希望從報酬中扣除的是最低的交易費用；你的財務顧問卻希望能為自己和家人賺得最大的收入。你可以猜看看誰可能獲勝。

你一定要知道一件事，**無論財務顧問賺到多少錢，這都是從你的投資回報中抽取的。在你整個投資生命週期，長期累積下來，財務顧問和經紀人的手續費用可能高得嚇人**，如下圖示。

年度手續費用						
時間範圍	0.10%	0.25%	0.50%	1.00%	2.00%	3.00%
3 年	-0.3%	-0.7%	-1.5%	-2.9%	-5.8%	-8.5%
5 年	-0.5%	-1.2%	-2.5%	-4.9%	-9.4%	-13.7%
10 年	-1.0%	-2.5%	-4.9%	-9.5%	-18.0%	-25.6%
20 年	-2.0%	-4.9%	-9.5%	-18.0%	-32.7%	-44.6%
30 年	-3.0%	-7.2%	-13.9%	**-25.8%**	-44.8%	-58.8%
40 年	-3.9%	-9.5%	-18.1%	-32.8%	-54.7%	-69.3%

對你投資的影響

來源：領航集團

財務顧問的手續費似乎不多，讓你幾乎察覺不到。但幾項研究顯示，**實際上經紀人和財務顧問可能比他們的客戶賺得還多**。經紀人和財務顧問是良心事業，但許多人並沒有把他們的客戶放在第一位。在客戶收到的詳細報表中，實際成本通常也不會明列出來。

> 隱藏的手續費用有點像高血壓，你不一定真能感受到，也不一定看得到，但是它最終還是致命的。
> ——傑夫·艾奇森（Jeff Acheson），CFP

在 2016 年 4 月 14 日，美國勞工部提出一項委託投資規則（fiduciary rule），要求金融經紀人在為客戶提供退休建議時，要為他們考量到最大利益（而不是先考量自身的利益）。保險公司、共同基金公司和經紀公司擁有一大群遊說者，他們正在大力反對這項規則的實施，這一點也不奇怪。

> 把你遇到的每個經紀人、保險業務員、共同基金推銷員和財務顧問，都當作頑固的罪犯，若你堅持投資低

成本的指數型基金，你便會毫髮無傷。

——威廉‧伯恩斯坦，《如果你可以》的作者

其實並非所有的財務顧問都不好。對於真正需要顧問的人，一個低成本的好顧問或許也可能物超所值。一位有良心的好顧問，可以提供許多投資人自己無法處理的服務。例如，一個好的財務顧問能夠：

- 幫助你確認財務目標，並確認你需要存下多少金額，以實現這些目標。
- 幫助你做最合適的資產分配。
- 幫助你在熊市期間，也能堅持下去。
- 滿足你的保險需求（包括壽險、傷殘險和醫療險）。
- 提供有關稅務、社會保險、年金、投資損失節稅、重新分配投資組合、開立活期存款帳戶、遺產規劃及其他財務相關事項。

如果你覺得自己需要財務顧問的服務，那麼領航集團可以提供個人諮詢服務。領航的非委外專業財務顧問，目前只收取資產 0.3％的手續費。服務項目包括深入分析和協助資產移轉。

你可以到全國個人財務顧問網站 NAPFA（www.napfa.org）或加勒特財務規劃網站（www.garrettplanningnetwork.com）查看。兩個組織都列出了費用規劃。在這些財務顧問中選一位，可能也會比需要支付一定比例手續費用的管理資產公司（稱為AUM），或是年復一年靠收取佣金維生的經紀人及其他財務顧問，來得便宜許多。在你考慮諮詢財務顧問之前，你還應該向證券交易委員會（www.sec.gov/investor/brokers.htm）查詢，你正在考慮諮詢的顧問有無任何紀律處分的紀錄。

簡單且成功的三基金投資組合，幾乎所有人都可以管理，你將不再需要仰賴收取昂貴手續費的財務顧問。若想知道更多進一步的資訊，請閱讀柏格頭系列書籍《鄉民的提早退休計畫〔觀念版〕》和《柏格頭的退休計畫》。

優勢 2：不易造成資產膨脹

當大量新資金流入基金時，它會極具破壞性，通常會導致較低的報酬，這就是所謂「資產膨脹」（asset bloat）。以下是資產膨脹不好的幾個原因：

- 隨著投資人湧入廣受歡迎的主動型共同基金，新的資金將造成破壞性，因為它會讓基金經理人花更多的時間，進行額外的安全性分析。這會增加基金經理人的工作，因為新的資金必須盡快投入市場進行投資。

- 基金經理人若將大量資金投入於某一間公司，必會造成該公司的股票大幅波動。因為大量購買一間公司的股票會推高其股價，若是小型公司，其股價波動的影響更甚。

- 基金經理人很難以令人滿意的方式投資，因為隨著基金資產的增加，適合投資的標的將大幅減少，使其難以維持報酬目標。基金經理人也知道交易成本（例如：佣金、買賣價差、市場影響和機會成本）會增加，進而影響現有基金的股東。

- 共同基金的法規明令，每一基金投資於任一上市（櫃）公司股票的股份總額，不得超過該公司已發行股份總數的10％。這項限制可阻止基金經理人購買更多該基金已經擁有的公司股票，從而迫使經理人購買較不受歡迎的股票。

富達麥哲倫基金（Fidelity Magellan Fund）經常被認為是基金資產膨脹的受害者。在 1990 年，麥哲倫基金是全世界最大的共同基金。不幸的是，對於較晚開始投資這支基金的投資人而言，其投報率隨後暴跌至晨星評級類別績效墊底的 1％。結果許多投資麥哲倫基金的投資人，一生的積蓄付之一炬。

領航集團以在基金膨脹時願意暫時關閉而聞名。2016 年，領航對新投資人關閉了其 306 億美元規模的領航股利增長指數型基金（VDIGX）。領航前任首席投資長比爾‧麥克納博（Bill McNabb）解釋說：「領航集團正在積極採取措施，減緩強勁的資金流入，以確保基金經理人為投資人創造具有競爭力的長期績效表現，不會受到影響。」

耶魯大學首席投資長大衛‧史雲生在他的著作《耶魯操盤手：非典型成功》（*Unconventional Success*）中寫道：「**膨脹的投資組合和過高的費用，就是共同基金經理人從投資人身上榨**

取租金的最明顯方式。」

整體市場指數基金不受資產膨脹的影響，因為所有新資金都很容易分配在數千家公司的股票中。

▶ **柏格頭鄉民這麼說**

「親愛的泰勒，這三基金投資組合和指數型基金的教育，讓我擺脫了大部分的投資壓力。」

——SA

優勢 3：不受超前交易影響

「指數超前交易」（Index front running）是指交易商事先知道指數型基金經理人必須出售一支股票，因其不再符合指數規格。也許是小型股對於它的小型股指數來說已經變得太大了，或是價值型股票變為成長型股票，在這兩種情況下，交易商都知道指數型基金經理人必須出售該類別中的一支或多支股票。

這與交易商事先知道指數型基金經理人必須購買股票，以滿足指數規格的情況相同。事先了解通常會降低待售的股票價格，並在購買股票之前提高價格，這對於指數型基金經理人和基金投資人都是很不利的。

2015 年 3 月，美國航空宣布將加入標普 500 指數。在公告發布到公司被納入的四天後，公司股票上漲了 11％，從而增加了指數的成本，最終損害了其績效。

溫頓資本管理有限公司的一項研究發現，標普 500 指數從1990 年到 2011 年間，因為超前交易而下跌 0.2％。

整體市場指數基金不受超前交易的影響，因為它們幾乎持有所有公開上市的股票。如果一支股票被小型股指數賣出，被中型股指數買進，這和整體市場指數基金的被動式管理沒有區別，因為**指數型基金經理人既不出售也不買入股票，從而避免了超前交易和其他潛在的週轉成本。**

▶ 柏格頭鄉民這麼說

「多年來，三基金投資組合已經帶給我成功的績效。」

——DO

優勢 4：無基金經理人更換風險

自從柏格先生推出第一支零售指數型基金——第一指數投資信託公司（First Index Investment Trust）——以來，金融業一直在打一場必敗之戰，每年花費數十億美元，企圖讓投資人投入昂貴且利潤豐厚（對於他們而言）的主動型管理基金，而不是低成本的指數型基金。

由彼得‧林區（Peter Lynch）管理的富達麥哲倫基金（FMAGX），就是「管理風險」的一個很好的例子。1977 年至 1990 年間，該基金的平均年投報率為 29％，這驚人績效，一舉讓麥哲倫基金成為當時世界上最佳、規模最大的共同基金。

然後發生了什麼事呢？在 1990 年，林區先生決定退休。隨後麥哲倫基金開始跑輸大盤，一連串新的經理人被聘用又被解雇。隨著基金報酬下降，許多買在接近頭部的股東開始拋售，損失慘重。2018 年 1 月 12 日，麥哲倫基金在其「晨星」類別十年投報率的所有基金中，排名墊底的 11％。

另一個比較近期基金管理風險的例子，是管理費爾霍

姆（Fairholme）基金的經理人布魯斯·伯克維茨（Bruce Berkowitz）。伯克維茲是晨星 2009 年的「十年最佳基金經理」，但在 2018 年 1 月 12 日，費爾霍姆基金在其類別基金中卻排名墊底的 1%。截至撰寫此書的同時，伯克維茨先生仍然是經理。

特定基金經理的風險

1. **基金經理人總是離開**。彼得·林區是因為決定退休，但其他經理人離開有其他的原因：像是生病、轉移到其他基金，或跳槽去另一間公司，有許多基金經理人甚至是因為表現不佳而被解僱。整體市場指數基金就沒有這種問題。

2. **獲勝的基金經理人後來表現不佳**。一個好的股票或債券基金挑選人，應該很容易就跑贏只簡單反映平均股票投報率的指數型基金。雖說如此，但就像比爾·米勒和布魯斯·伯克維茨的故事一樣，大多數獲勝的基金經理人，最終的表現都低於基準指標指數（benchmark index；編按：指投資人用來衡量市場整體表現的比較標準，以美股來說就是標普 500 指數）。這就是所謂的「回歸均值」。

華倫·巴菲特曾經使用「猴子插圖」來解釋，為什麼我們無法看出，基金經理人是真的才華洋溢還是只是幸運而已：「如果有 1000 名經理人在年初做出了市場預測，很可能至少會有一位，會連續九年都正確預測。當然，1000 隻猴子中也可能會產生一隻看似全能的先知。」

指數型基金經理人不會試圖挑選獲勝的股票，而是專注於低成本的標的，並且準確追蹤其指數。

> 在 1970 年的 355 支股票基金中，有 233 支已下市。其中只有 24 支基金，以每年超過 1％ 的速度超越市場。這事情很可怕。
>
> ——傑克·柏格，《買對基金賺大錢》

▶ 柏格頭鄉民這麼說

「我發現一個真正的好方法，很快就會吸引眾人的目光，這真是太神奇了。感謝你大力推薦這種非凡的投資方法，它為很多人帶來了很多好處。」

——RA

優勢 5：無個股重壓風險

　　我還記得 2000 年 3 月參加了《邁阿密先驅報》舉辦的研討會，當時我並不知道，美國股市在經過漫長的牛市之後，已經達到頂峰，隨後而來的是大蕭條之後最嚴重的熊市之一。

　　傑克‧柏格和吉姆‧克瑞莫（Jim Cramer；金融節目電視名人）是主講人。由傑克先開場演說並警告台下的投資人，股市價值已經被高估，他也提醒大量配置優質債券的重要性。

　　柏格先生結束演說後，換克瑞莫先生上台。曾與我合著另外兩本柏格頭書籍的梅爾‧林道爾，和我一起站在禮堂後面。吉姆請觀眾拿出紙筆，寫下十支他肯定會推薦並「大賺」的個股。梅爾和我看著成千上百的天真投資人，急切的寫下克瑞莫先生的熱門股票提示（我不能責怪這麼努力想賺錢的人們，因為我也曾如此嘗試過）。

　　大多數觀眾似乎覺得自己從媒體專家那裡獲得了一些重要的股票提示，但這些提示的實際表現方式卻是另一回事。四年後，在 2004 年四月出刊的《巴倫周刊》（*Barron's magazine*）中，艾倫‧艾貝爾森（Alan Abelson）寫道：「〔克瑞莫推薦〕西元

2000 年的 10 個科技網路泡沫精選，最終平均下跌了 90%。」挑選個股是極具風險的，「吉姆‧克瑞莫的最佳股票精選」就是一個例子。

與共同基金不同，個股可以暴跌至零。在標準普爾 500 指數成立 50 週年之際，原始的 500 家公司，只有 86 家公司仍活躍於市場上，這表明只單靠個股，很有可能讓你的財富大幅縮水。另一方面，共同基金歸零，卻是前所未聞的。

許多投資人，尤其是新手，試圖藉投資個股去「打敗市場」。當我們讀到有遠見的人在成為贏家之前，購買鮮為人知的股票，但後來卻變成了飆股，獲得驚人的報酬（如果這是真的），這就是誘惑我們去投資個股的故事。選股的人只會告訴你，他們有多擅長挑選好股票，但卻少提到挑選錯誤的時候。

丹尼爾‧康納曼（Daniel Kahneman）和阿莫斯‧特沃斯基（Amos Tversky）在 1992 年的一項研究中指出，人們討厭損失的程度，是他們喜歡獲益的兩倍。[4] 媒體（只想增加瀏覽率和閱讀人數）鼓勵投資人透過「專家」推薦來買進個股，但這些

---

4 《計量經濟學》期刊（*Econometrica*），1979年3月版。

專家往往被證實是錯誤的。我們很少被提醒，許多曾經的熱門股票（例如柯達、安隆〔Enron〕、通用汽車和西屋電氣），已經從贏家變成了輸家，讓他們的大多數投資人承受巨大的虧損。

> ▶ **柏格頭鄉民這麼說**
>
> 「我已經堅持操作泰勒的三基金投資組合好幾年了。主要原因就是它簡單、優雅、好理解，這能讓我高枕無憂。」
>
> ——FE

優勢 6：無重疊標的狀況

當兩個不同的共同基金或 ETF，在投資組合中共享相同的證券（securities；編按：包含股票、國債、公司債、地方政府債券等）時，就會發生「重疊」。因此，**如果投資人擁有多個包含相同證券的共同基金或 ETF，就代表其投資組合不夠多樣化。**

為了最大程度的降低風險，投資人應該讓其基金擁有不同的證券。如果一支股票或債券基金的價值下跌，我們希望投資組合中的其他股票或債券價值上漲。如果兩個基金持有相同（即重複）的證券，則分散性會降低，風險則會增加。

許多公司的退休計畫並未提供整體股票市場指數基金，相反的，他們提供標普 500 指數基金。這是個很好的替代基金，因為這兩種基金都擁有美國最大、最優秀的股票，並且兩者都有相似的長期風險和投報率。

很多時候，公司、教育機構或政府單位，會提供標普 500 指數基金和延展市場指數基金（Extended Market Index Fund）的組合。投資人可以透過這樣的投資組合，將 80% 的標普 500

基金和 20％的延展市場基金相結合，達到類似投資美國整體市場指數基金的結果。柏格先生為避免任何個股的重疊，特別設計出延展市場指數基金，去輔助標普指數基金，這樣就不會有基金重疊的狀況了。

投資組合中的基金愈多，就愈容易發生重疊。你會很開心知道三基金投資組合裡沒有基金或證券重疊的情形。

▶ 柏格頭鄉民這麼說

「三基金投資組合投資組合非常易於維護，我現在有更多時間可以花在想追求的事物上。那些我曾經汲汲營營的事情（例如：買賣時機等），現在我已經不感興趣了。」

——FA

優勢7：不投資單一產業

「市場產業風險」（Market sector risk）就是你在投資單一產業時會面臨的風險，例如金融、醫療保健、房地產、能源、公用事業、黃金和科技業等。這風險就在於你選擇的產業可能表現得比其他產業還差。

產業投資風險一個很好的例子，就是1990年代後期熱門的電子科技業，電子股的漲幅明顯超越其他大多數產業。因此，投資人開始將資金投入「熱門」的科技基金。但對他們而言很不幸的是，當時以科技為重的那斯達克指數，在2000年至2002年的熊市期間下跌了77.9%，使得許多投資人的終生積蓄就此化為烏有。

另一個產業風險的例子是領航集團的礦業與貴金屬基金，原名「領航黃金基金」（Vanguard Gold Fund），一直是領航集團波動最大的基金。1993年，該基金獲得了93.4%的報酬，是所有領航基金中報酬最好的基金。隨著投資人競相購買，導致基金資產膨脹。對於投資人而言，不幸的是，領航黃金基金開始「回歸均值」，這就是表現最佳的基金通常會發生的狀況。2000年12月，領航黃金基金的5年期和10年期投報率，成

了所有基金中表現最差的。

　　沒有理由將有風險的單一產業基金加進投資組合中（除了想投機和市場行銷以外）。領航的兩個整體市場股票基金已經包含各產業市場的股票權重，而且風險、成本和複雜性都低得多。

> **▶ 柏格頭鄉民這麼說**

　　「若你厭倦了一再摸索，只需要這三基金投資組合：70%的股票、15%的債券及15%的國際股票。」

——FI

優勢 8：沒有風格轉移問題

「投資風格轉移」（Style drift）是指共同基金或 ETF 偏離既定的投資風格（投資焦點）。大多數投資人希望至少將幾種風格組合起來，以獲得多樣化的好處——這意味著，當一種風格表現不佳時，另一種風格可能表現良好。

股票基金：晨星從大型價值股（被認為風險較小）到小型成長股（被認為風險較大），將股票基金分為九種風格類別。基金經理人很難保持基金的風格，是因為小型股票會成長，中型股票則可能會變小型或大型股票。價值型基金可以成為混合型基金或是成長型基金。在這種情況下，由於風格變化而交換盈利的基金，可能會導致稅收增加。

債券基金：晨星也將債券基金分為九種風格類別，從短期優質債券（風險最小）到長期低品質債券（風險最大）。債券基金也有類似風格轉移的問題。隨著債券基金的投資組合老化，就很容易發生長期債券變成中期，中期債券變成短期，短期債券隨即到期的狀況。這是大多數債券基金週轉率高的主要原因。

底線：整體市場指數基金包含三大類（美國股票、美國債券和國際股票）的所有投資風格。因此，三基金投資組合中的整體市場指數基金沒有風格轉移的問題。對投資大眾來說，這是個不用擔心的變數。

▶ **柏格頭鄉民這樣說**

　　「隨著年齡增長，我擔心其他人有一天可能不得不介入幫助管理，而這個投資組合的簡單性，對我來說就是一個巨大的優勢。」

——FK

優勢 9：低追蹤誤差

「追蹤誤差」（Tracking error）是基金報酬與該基金所選的基準指標之間的差異。指數型基金經理人的主要目標，就是盡可能的密切追蹤其基準指標。

領航集團最近報告指出，自成立以來，整體股票市場平均只落後其指數 0.14%、整體國際股市落後 0.29%、整體債券市場則落後 0.29%。與主動型管理基金相比，追蹤誤差低，而且管理良好、多樣化、低波動又低成本。

追蹤誤差很小時，可能不明顯。然而，當追蹤誤差長期為負數，或短期內顯著時（這兩種情況都會發生在主動型管理基金和產業型基金〔Sector Funds；編按：指只投資某一產業或某一區域的一種基金〕），則該基金的投資人可能會傾向於轉換成表現更好的「熱門」基金──這也是投資人最容易犯的錯誤之一。

▶ 柏格頭鄉民這樣說

　　「我認為投資三基金投資組合很難出錯。我還了解到，在再平衡、追蹤和稅務方面的考量，可以讓一個人的生活變得更簡單。謝謝泰勒從幾年前就帶領我朝這個方向前進。」

——FR

優勢 10：報酬高於平均水準

> 整體市場指數基金永遠不會打敗市場。但你肯定會比
> 大多數活躍的投資人做得更好。
>
> ──喬納森‧克雷蒙，
> 暢銷書作者暨《華爾街日報》專欄作家

　　你是否想擁有一個在數學上肯定會勝過大多數業餘和專業
投資人的三基金投資組合？是的，你可以。這本《鄉民的提早
退休計畫〔實踐版〕》裡的每支基金，保證都能做到這一點。
覺得懷疑嗎？是的，你應該懷疑（好的投資人就應該做到這件
事）。

　　許多學術研究顯示，**指數型基金幾乎總是勝過主動型基金
同業**。這裡有一些例子：

標普道瓊指數的 SPIVA 投資績效報告（S&P Dow Jones
SPIVA Scorecard）：2002 年，標普道瓊指數推出了第一個 SPIVA
報告，這是比較主動型基金和指數型基金最可靠的數據。以下

是引述 2017 年的 SPIVA 年底報告：

「在截至 2017 年 12 月的 15 年期間，83.7％的大型股票、95.4％的中型股票和 93.21％的小型股票經理人，都落後各自的基準指標。」

「一直以來，所有國際股票類別的大多數經理人，表現都低於他們的基準指標。」

「許多基金以明顯的速度消失。在 15 年間，超過 58％的國內投資股票型基金（domestic equity funds）被合併或清算。同樣的，將近 52％的全球／國際股票基金和 49％的固定收益基金，也被合併或清算。此一發現凸顯出，共同基金分析中的倖存者偏差的重要性（業績不佳的基金通常被合併或清算了）。」

全美學院和大學商務官協會（NACUBO）的數據：學院收到的捐贈資金，可以付錢請經理人給出最好和最昂貴的投資組合建議，然後我們看到有趣的結果：根據在 2017 年 1 月，為 NACUBO 收集的數據顯示，NACUBO 表示「捐贈基金在 2016 年會計年度（2015 年 7 月 1 日至 2016 年 6 月 30 日）的

平均投報率是 −1.9%（扣除費用）」、「10 年平均年投報率
下降到 5.0%，遠低於多數機構所報告的，為維持捐贈基金在
支出、通貨膨脹和投資管理成本後，所需賺取的平均值 7.4%」
（同時，羅素 3000 整體市場指數〔Russell 3000 Total Market
Index〕的投報率是 7.4%）。

艾倫・羅斯的研究：羅斯是美國註冊會計師（CPA）、理
財規劃顧問和收費財務顧問。他為 AARP 雜誌每月撰寫投資專
欄，並且也是《我 8 歲，我會自己賺錢！》的作者（使用三基
金投資組合操作）。

對於這本寫於 2009 年的精彩書籍，艾倫進行了一項研究，
去確認主動型基金投資組合勝過指數型基金投資組合的可能性
——當指數型基金的操作費用比率為 0.23%，主動型基金的費
用比率為 2.0%。

下表由艾倫製作，顯示出一支主動型基金有 42% 的機率，
在一年期間勝過一支指數型基金，但隨著資金的增加和時間的
拉長，機率則愈來愈低。而 10 支主動型基金，若持有 25 年，
才只有 1% 的機率可能打敗指數型基金。

	1 年	5 年	10 年	25 年
1 支主動型基金	42%	30%	23%	12%
5 支主動型基金	32%	18%	11%	3%
10 支主動型基金	25%	9%	6%	1%

理查‧菲利的研究：菲利先生曾是特許金融分析師，現在是已退休的財務顧問，他著有六本備受推崇的金融書籍。如第3章所述，菲利先生研究了 5000 個隨機選擇的主動型共同基金投資組合，並將其與三基金投資組合中的基金做比較。研究結論顯示：「致力於主動型基金的投資人，其投資組合在這一生中的表現，有 99％的可能性將不及指數型基金投資組合。」

威廉‧夏普的論文：諾貝爾獎得主威廉‧夏普於 1991 年在《金融分析師期刊》（*Financial Analysts Journal*）寫下〈主動投資的運算〉，並得出以下結論：「如果衡量得當，扣除成本後，主動式管理的美元表現必然低於被動式管理。而反駁這一原則的實證分析，似乎是由於測量不當。」

諾貝爾獎得主保羅‧薩繆森：「從統計數據來看，廣泛來說，股票指數型基金的表現將優於大多數主動式管理的投資組

合」（來自〈挑戰到判決〉〔Challenge to Judgment〕，1974年《投資組合管理雜誌》〔*Journal of Portfolio Management*〕創刊號的頭版文章）。

2018年1月12日，保羅·法洛的「懶人投資組合」（Lazy Portfolio）專欄，報告了經過專業設計的八種懶人投資組合，在一年、三年、五年和十年期的總回報。由整體市場指數基金組合而成的「小二生投資組合」，拿到所有投資組合績效之冠──另一份實際績效的報告顯示，本書所支持的三基金投資組合，適用於多個時間段。

金融相關行業並不希望我們知道，**指數型基金的投報率比主動管理型基金的更高，後者必須藉推廣手續費更高的主動管理型基金，才能賺到投資人的錢**。為了打壓指數型基金，一家大型證券經紀交易商桑福德·伯恩斯坦（Sanford C. Bernstein & Co., LLC）公司說道，被動式投資促進了比馬克斯主義更糟糕的資本分配體系。然而，潮流正在改變。截至2016年底，指數型基金（包括ETFs）占所有股票基金的24.9%，並且隨著投資人了解指數化的更高報酬，投資比例也正在迅速攀升。

做為一名投資人，你可以有所選擇：你可以像試圖打敗賭

場的賭徒一樣，或者你可以透過投資整體市場指數基金，讓自己成為賭場。勝負機率立見高下，這是個再簡單不過的選擇。

你無法打敗市場

喬納森·克雷蒙在業界是最博學的金融作家之一。他在華爾街日報的資歷將近 20 年，寫過超過一千篇關於個人理財的文章，離開之後，成為花旗集

團的金融教育總監。克雷蒙先生著有六本備受推崇的金融書籍，現在仍在個人的金融網站繼續寫作，網站名為 The Humble Dollar。

該網站在 2018 年 3 月版刊登的第一句話就是：「**嘗試打敗市場不僅是一件冒險的事情，而且幾乎會以失敗收場。這種想法，可說是浪費金錢和時間。**」

優勢 11：投入與贖回簡單

持有多支基金投資組合的投資人，會面臨到一個問題，每次的投入（contribution）和贖回（withdrawal）都必須分散在投資組合中的所有基金中，以保持所需的資產配置。其實只要兩支股票型基金和一支債券基金，即可讓這個任務變得更簡單和有效率。

讓我們來看看這對於擁有大量共同基金投資組合的投資人，會是如何操作的。許多這類型的投資組合，至少會包含一些主動型基金，而且通常包括一些平衡型基金（balances funds；編按：也稱為混合基金，此為基金經理人視市場狀況，調整資產類別比例的共同基金）。

在這種情況下，基金標的可能出現重複，因為平衡型基金包括股票和債券。結果，投資人在投入或贖回前，都需要仔細檢查比對每個基金的比重，以確定當前資產分配是否合適。由於三基金投資組合中，股票和債券之間沒有重複的問題，這使得投入或贖回變得更簡單了。

▶ 柏格頭鄉民這麼說

「僅靠持有一個廣泛的市場指數基金，就能大大簡化了投入與贖回的策略。」

——JO

優勢 12：擁有一致性

與容易有波動性、經理人時常異動、風格不一致，或承擔不必要的風險以期打敗大盤的其他基金相比，投資人更喜歡具有一致性的共同基金或是 ETF。

與其他股票基金相比，領航整體股票市場指數基金以其一致性著稱。在撰寫本文時，領航整體股票市場指數基金海軍上將股別（Vanguard Total Stock Market Index Fund Admiral Shares, VTSAX）自 2001 年成立以來，每年績效都超過晨星同類別評比的平均值。很少有基金敢宣稱這種一致性。**整體市場指數基金最大的好處之一，就是你永遠不必擔心你的投資組合表現不佳，因為你已經擁有了市場。**

2007 年，領航能源基金海軍上將股別（Vanguard Energy Fund Admiral Shares, VGELX）有著風光豐收的一年。與領航整體股票市場指數基金上漲 5.57％相比，上漲了 34.81％。投資人湧入投資能源基金，以獲得預期利潤，但下表顯示了未來 10 年的狀況。

VTSAX 和 VGELX 的年度投報率比較

年度	領航整體股票市場指數基金 海軍上將股別（VTSAX）	領航能源基金 海軍上將股別（VGELX）
2008	-36.99	-39.34
2009	28.83	24.85
2010	17.36	21.10
2011	1.08	2.79
2012	16.38	3.49
2013	33.52	25.78
2014	12.56	9.88
2015	0.39	-28.22
2016	12.66	28.94
2017	21.17	-2.39
10 年平均	9.71	1.89

▶ 柏格頭鄉民這樣說

「這三基金投資組合是我和我的妻子，現在用於退休積蓄的資金。」

——MP

優勢 13：低週轉率

　　「週轉率」是指基金每年有多少證券被替換的比率（編按：
也就是基金投資組合買賣的頻率）。舉例來說，如果一個共同
基金投資了 100 支不同股票，其中 50 支在一年內被替換，那
它的週轉率就是 50％。所有的共同基金和 ETF 都有週轉率。
以下是近期領航集團三基金投資組合與所有同類別基金的週轉
率比較：

基金	週轉率	同類別平均週轉率
整體股票市場	4％	59％
整體國際股票市場	3％	60％
整體債券市場	61％	232％

資料來源：晨星

　　根據經驗，**柏格先生建議週轉率的成本大約等於基金資產
的1％**。週轉率成本（隱藏在投資人的成本當中）包括手續費、
價差、受到的影響和行政管理費用。週轉率成本不包括資本
利得分配給投資人時，所產生的額外稅務成本。**週轉率成本通
常大於基金公司公布的費用比率（即管理費加上營運費用的總
和）**。

晨星報告指出，截至 2016 年 12 月底的十年間，美國多樣化股票基金的平均投報率為 5.15％。但是由於高週轉率和糟糕的市場時機，基金投資人的平均年投報率僅有 4.30％。這樣的報酬差異傷害了所有投資人，因此我們應盡一切可能將之最小化。

整體市場指數基金的股票和債券週轉率最低。因此，三基金投資組合的極低週轉率成本，意味著能帶給投資人更高的報酬。

▶ **柏格頭鄉民這樣說**

「終於，經過多年的跌跌撞撞，我總算真正擁有被你所啟發的三基金投資組合。」

——RW

優勢 14：低成本

我們大多數的人都從經驗中學到，廉價商品和服務，通常不如較昂貴的商品和服務來得優質。多付點錢通常可以買到好一點的房子、高檔汽車、名牌衣服、商務艙機位以及更好的服務品質。因此，可以理解的是，許多投資人認為，為昂貴的基金、昂貴的財務顧問和昂貴的投資支付更多的錢，會帶來更好的結果。

反過來做總是正確的。其實只要投資一個簡單的、由整體市場指數基金組成的三基金投資組合，就不需要昂貴的基金、財務顧問和在個股投資中進行選擇。進入自己口袋的錢愈多，放進他人口袋的錢就愈少。

基金的「成本控制」是最終報酬的關鍵。

在《鄉民的提早退休計畫〔觀念版〕》中，我們報告了金融研究中心進行的一項研究，以確定哪些共同基金預測器真正有效：

- 晨星明星評級

- 過去績效
- 週轉率
- 必要支出費用
- 經理人任期
- 淨銷售額
- 資產規模
- Alpha 值（超額報酬，編按：可看出該投資組合相較於市場的表現為何）
- Beta 值（波動率，編按：指相對指數的波動幅度）
- 標準偏差
- 夏普比率（Sharp Ratio，編按：指承受每單位風險所得的報酬）

其結論就是：「**費用比率是未來共同基金績效唯一可靠的預測指標**」。

晨星（可靠的共同基金數據主要來源）做了一項類似的研究，並得出相同的結論：「如果說在整個共同基金領域，你可以將任何東西帶到銀行，那就是『費用比率』，可以幫你做出更好的決定。他們用數據測試出不論時間範圍多廣，低成本基金絕對更勝高成本基金。」

在 2014 年，柏格先生為 CFA 協會的總基金成本（稅前）進行了研究。下表是他的報告：

退休計畫投資人的全部投資費用

	主動型基金	指數型基金
操作費用比率	1.12%	0.06%
交易成本	0.50%	0.00%
現金拖累（Cash Drag；編按：指以現金形式持有投資組合的一部分，而不是將這部分投資於市場）	0.15%	0.00%
銷售費用／手續費	0.50%	0.00%
全部費用	2.27%	0.06%

柏格先生低估了指數型基金的優勢，因為不包括稅收成本。他曾經估計，「過去，與持有市場投資組合相比，稅收使得投資人每年額外花費 1.5%」。

整體市場指數基金也是有成本的，但比起主動型基金的費用，來得低廉許多。原因之一是整體市場基金有著極低的週轉率。和大多數共同基金和 ETFs 不同的是，當公司從一個類別轉向另一個類別時，整體市場指數基金不需要買賣股票。週轉通常會導致其他基金的資本利得（capital gain；編按：意指有

價證券的賣出價高於買入價，反之則稱為資本損失），**轉嫁給該基金的持有者。**

　　三基金投資組合中的三支共同基金，仍享有極低的成本：

基金	操作費用比率	2016 同業平均費用比率
整體股票市場投資人股別（VTSMX）	0.15%	0.48%
整體股票市場海軍上將股別（VTSAX）	0.04%	0.48%
整體股票市場 ETF 股別（VTI）	0.04%	無
整體國際投資人股別（VGTSX）	0.18%	0.70%
整體國際海軍上將股別（VTIAX）	0.11%	0.70%
整體國際 ETF（VXUS）	0.11%	無
整體債券市場投資人股別（VBMFX）	0.15%	0.48%
整體債券市場海軍上將股別（VBTLX）	0.05%	無
整體債券市場 ETF（BND）		

＊最低投資額：投資人股別為 3,000 美元，海軍上將股別為 10,000 美元。
資料來源：領航集團和晨星（2017）

　　為了讓你了解成本的影響，請考量以下事項：如果股票在未來 30 年內，每年平均上漲 6％，那代表以 1％的年費投資 25,000 美元的人，會因這筆費用，而放棄超過 35,500 美元的報酬──比最初的投資還高！

像柏格先生一樣，我相信辛苦賺來的錢可以存下來，而投資得來的報酬，也應該是你的。

"

不需要付的費用，一定要省下來。

——傑克‧柏格，《買對基金賺大錢》

"

▶ **柏格頭鄉民這樣說**

「它的簡單性、低費用、低稅收和多樣化令人印象深刻。」

——SG

優勢 15：最大程度的多樣化

如果說投資有一件事是所有權威人士都同意的，那就是多樣化的好處，通常被稱為「投資中唯一的免費午餐」。

多樣化的主要好處是，多樣化的共同基金投資人，永遠不會將他們的所有投資放入表現不佳的基金，因此有更大的機會實現自己的財務目標。

三基金投資組合包含超過 15000 種全球證券，能真正落實多樣化。華爾街會試著賣給你更複雜（且價格昂貴）的投資組合，但這樣的投資組合不夠多樣化。所以在某種層面來說，你的世界你決定，你可以做自己想做的事。

根據晨星表示，標普 500 和威爾夏 5000（Wilshire 5000）整體市場指數所代表的股票，平均風險水準比主動型股票基金約低 25％。

在 2008 年雷曼兄弟破產就是一個多樣化不足的例子。雷曼兄弟成立於 1850 年，並於 2000 年成為美國第四大投資銀行。在 2008 年的熊市，雷曼兄弟宣布破產，導致數千名擁有雷曼

兄弟股份的員工和個人投資人，失去全部或部分退休福利和終生儲蓄。

領航整體股票市場指數基金也含有雷曼兄弟的股票，但由於其基金的多樣化投資，將投資分散在數千種其他股票，所以幾乎不受雷曼兄弟破產的影響。這就是三整體市場指數基金的另一項優勢：因為**你所有的股票和債券被包裝在一個基金中，你不會看到那些令人感到不安的狀況，導致投資人因擔心而在錯誤的時間賣出股票（比如說賣在熊市）。**

三基金投資組合的標誌就是多樣化加上低風險。它可以保護我們免受大腦的牽制——有時會因恐懼而逃跑——而成為自己最大的敵人。

▶ **柏格頭鄉民這樣說**

「我是三基金投資組合的投資人，我們都同意約翰‧柏格的簡單投資觀點。」

——RB

優勢 16：提供最高的報酬和最低的風險

整體市場指數基金是高效率的，因為它們提供最高的報酬和最低的風險。大多數投資者都不知道這極其重要的好處，新聞媒體也很少注意到這一點。

「投資組合效率」關聯到高等數學，所以我讓西北大學的退休數學家約翰・諾斯塔德（John Norstad）來做解釋：

「很多人不明白為什麼整體美國股票市場加權指數（cap-weighted total US stock market, TSM）在金融經濟扮演著如此重要的角色。他們認為 TSM 只是美國許多可能的股票投資組合之一，沒有充分的理由相信，它比其他種類的股票投資組合更特殊或優越。他們經常提出替代方案，聲稱比 TSM 有更高的預期報酬及更低的風險。從技術上來說，這些替代方案比 TSM『更高效』（more efficient）。我們提出三個證據，在三個不同的假設下，TSM 是高效的，也確實**沒有其他美國股票投資組合比 TSM 更高效（具有更低的風險和更高的預期報酬）**。」

沒有人可以預測未來，但可以放心的是，三基金投資組合

的投資人知道，他們擁有的是非常「高效」的投資組合。

▶ 柏格頭鄉民這樣說

「我是泰勒三基金投資組合（整體股市、整體國際股市和整體債券指數基金）的粉絲。這簡單的投資策略就是你真正需要的。一年檢視一次，然後再平衡投資，以維持你的基金在 AA 等級就好了。」

——SI

優勢 17：易於維護管理

所有的投資組合，就像是不斷行駛的好車，都需要定期維護：

- 基金需要再平衡（rebalancing；編按：指投資組合配置好一段時間後，需要再平衡到一開始的配置比例，以降低風險）。
- 投入和贖回變更。
- 新基金發行需要考慮。
- 基金被合併和清算。
- 資產配置可能需要調整。
- 收入、支出和淨值可能需要調整。
- 稅法和投資人稅級可能需要調整。
- 受益人變更。

以上這些和其他維護項目都需要學識、時間和注意力。

維護投資組合的需求和錯誤的次數，都會與投資組合中的基金數量成正比。

三基金投資組合總共只有三個整體市場指數基金，所以維護需求低。這意味著投資人將不需要擔心他們的投資，可以把更多時間花在家人和朋友上，並隨心所欲去做想做的事。我保證你會感激，操作如此簡單的投資組合不需要太過費心。

▶ 柏格頭鄉民這樣說

　　「三基金投資組合照顧到我的家人，我希望未來幾十年都能如此。」

——TY

優勢 18：容易再平衡

當投資人有必要替換投資組合中的基金份額，以維持投資組合中所需的資產分配時，就會發生「再平衡」。

知識淵博的投資人都知道，最重要的是，**投資組合中的股票／債券比率，決定了我們的預期報酬和預期風險**。因此，股票和債券之間，保持理想的資產配置，是非常重要的事（第 5 章中將進一步討論資產配置）。

股票和債券基金的證券價值不斷變化。微小的變化無關緊要，但隨著時間推移，個人基金，尤其是股票基金的價值，可能會發生重大變化。這時就需要再平衡，這在應稅帳戶中可能會引發資本利得稅。

另一種再平衡的方式是，**三基金投資組合中的每一個基金，幾乎每天都會自動調整其持有份額，以符合其基準指標**。雖然它需要基金經理買賣證券，但每個基金內部的這種再平衡，很少導致資本收益分配給所有市場股東的情形。

雖然投資人有必要再平衡三個整體市場指數基金投資組

合，以維持所需的資產配置，但這種再平衡很容易，而且造成的資本利得稅通常較少。

▶ **柏格頭鄉民這樣說**

「我是三基金投資組合的忠實擁護者，投資只需保持簡單！」

——OH

優勢 19：稅務效率極高

聰明的投資人都希望盡可能降低稅收。當放在應稅帳戶內時，**指數型基金，尤其是整體市場指數基金，是所有基金中稅務效率**（Tax efficiency，編按：稅收效率愈好的投資工具，愈不會帶來不必要的稅務負擔）**最高的基金之一**（稅務效率不是 IRAs、401Ks、403Bs 等稅收優惠帳戶的一個因素，編按：美國最常見的三個退休帳戶，皆享有稅務延遲〔Tax-Deferred〕繳交的好處）。

稅收成本率（tax cost ratio）能衡量基金的年化報酬率，因為投資人必須為支付的稅收而降低報酬率（比方說，如果某基金的稅收成本率為 2%，則代表著該基金的投資人損失 2% 的獲利，用來繳稅）。根據晨星（2018 年 1 月 12 日）的數據顯示，股票型基金的平均稅收成本率，約落在 1 到 1.2% 之間。截至撰寫本文時，領航整體股票市場指數基金的 15 年期稅收成本率為 0.40%，不到普通股票基金稅收成本比的一半。

整體股票市場指數基金的稅務效率來自幾個原因：

- **被動型基金管理的低週轉率**。被動型基金不需要交換股票，而引發之後會被分配轉嫁給基金股東的稅收。與大多數股票型基金不同，領航整體股票市場指數基金和整體國際股票市場指數基金，自2000年以來，都未分配應稅資本收益（taxable capital gain）。

- **個人投資人的低週轉率**。因為不需買賣整體市場股票基金，引發個人稅收（整體股票市場指數基金已經擁有幾乎所有上市股票）。同樣，根本沒有必要賣出整體債券市場指數基金股票，因為它會自動維持其廣泛的多樣化投資。

- **降低稅率的資格**。領航整體股票市場和整體國際股票市場指數基金都享有稱為「合格股息收入」（Qualified Dividend Income, QDI；編按：股息收入也需要課稅，若投資人非美國稅務公民，課稅比率會更高，會依不同國家而有不同標準。合格股息收入則是可享有低稅率的股息）的降低的聯邦稅率。

2017年，整體美國股票市場總計有 92％ 的分配符合較低的合格股息收入稅率（QDI rate），而整體國際股票基金和其 ETF，有 71％ 的分配符合較低的合格股息收入稅率

（債券不符合合格股息收入稅率，這也是應稅債券基金最好放在稅收優惠帳戶中的原因之一）。

投資人永遠不要忘記，最重要的是稅後報酬。

▶ 柏格頭鄉民這樣說

「我將再次為三基金投資組合背書，並感謝泰勒幾年前就為我們帶來的幫助。我們一直在節省的稅收和操作費用比率，很可能就占了我們一年總生活費用的一半以上。」

——HU

優勢 20：投資簡單化

傑克・柏格總喜歡將這句話掛在嘴邊：「簡單是通往財務成功的萬能鑰匙。」他的話言猶在耳，響亮而清晰，與試圖說服我們投資是複雜的、想成為成功的投資人就必須購買昂貴的金融產品和服務的金融業，形成鮮明對比。這完全不是事實。

《咖啡館投資人》的顧問兼作者比爾・蘇西斯也寫到了簡單性：「當你簡化投資決策時，不僅可以花更多的時間與家人、朋友、事業相處，來豐富自己的生活，還可以在此過程中提高投資組合的報酬。」

根據美國投資公司協會表示，2016 年有 8066 支共同基金可供投資人選擇。基金市場是很微妙的，大多數共同基金公司都試圖說服投資人，他們的基金會（或已經）比其他基金操作得更好（領航基金不會比較公司之間的投報率）。

柏格頭線上論壇最常見的請求之一，就是幫助簡化投資組合。例如，最近有人要求我們，幫助一位柏格頭信徒去「追蹤」他的投資組合，其中包含 90 種重複證券的大雜燴。論壇參與者沒有意識到，「追蹤」不是他最主要的問題；他的最大

問題，是他非常混亂和複雜的高成本投資組合——這就是聽從幾個朋友或親戚建議的結果。

這位困惑的投資人沒有了解到，簡單的三基金投資組合其實涵蓋了更多的股票和債券（而且費用較低），而不像他笨拙持有的 90 支個別證券的投資組合。

擁有較少（和較大）基金的投資組合，具有以下這些優勢：

- 低成本。
- 較少隱藏週轉成本。
- 更好的稅務效率。
- 避免低額結存費用（low-balance fees）。
- 減少因投入和贖回造成的損失。
- 減少再平衡。
- 較少的出錯可能性。
- 更容易的稅務準備。
- 減少文書工作及存儲。
- 更少的壓力。
- 有更多時間與家人和朋友相處。

三基金投資組合易於了解和維護，不需要很厲害的數學、電子表格、複雜的納稅申報表，也不需要在股市開盤前、盤中和收盤後，黏在電視前收看財經消息，或是閱讀《華爾街日報》。

我個人的投資組合，都是領航集團的基金，所以幾乎不需要維護。我一年只會瀏覽幾次領航的網站，看看是否有不實或錯誤（這從未發生過）。我將邁進 71 歲（時為 2018 年），每年僅使用他們的網站一次，以從退休計畫中提取所需的最低分配（領航每年會寄給我一份聲明書，顯示當年度我必須提款的金額。謝謝領航集團）。

每年年底領航提供的聲明書，會告訴我三基金投資組合中每一個項目的餘額，而這就是我需要再平衡的資產分配內容。我每年只需花約一個小時，來管理我的投資組合。你可以想像一下，你可以用這種方式節省多少用於投資的時間。

簡單的投資組合對我來說不僅容易管理，就連我的最終照顧者和繼承人，都將便於管理。

> 有些人的個性似乎很反常，喜歡把容易的事情變得困難。
>
> ——華倫·巴菲特

許多柏格頭信徒都在他們的論壇貼文底下，添加了簽名檔——這就是我們想要分享的想法。我引用了傑克·柏格的這句話，我發現這是他最重要的一句話：「**簡單是通往財務成功的萬能鑰匙**」。

▶ 柏格頭鄉民這樣說

「我堅信三基金投資組合，對我來說最有意義的就是，能讓我從此高枕無憂。」

——KO

為自己建立健全的家庭財務

「金融亂象」（Financial Ramblings）是一個很棒的部落格，作者是邁克，他中年、已婚、有四個已就學的孩子。他的姓氏不詳，但這對我的故事並不重要。也許邁克就像你一樣。他努力工作，做出了（大多數）正確的決定，在妻子的陪伴相助下，財務狀況良好。房貸已繳清，沒有個人債務。在成家時開始投資，目前有著規模龐大且不斷成長的投資組合。不是含著金湯匙出生的邁克，謙遜如他。為了實現這一切，邁克說他回答了兩個問題，然後便為三基金做出資產配置。此舉為家庭的財務健康創造了奇蹟。

問題 1：你對股票和債券偏好的配置為何？

他要求你記住一個重要的事實：增加股票配置會增加預期報酬，但也會有更大的風險。你的債券分配是一個緩衝，因為它應該代表你無法承受的損失。然而，他指出，**將少量股票添加到全債券投資組合中，實際上會增加回報，同時也降低風險。**多樣化投資方

式將大獲全勝。

問題 2：選擇國內股票還是國際股票組合？

一旦你決定了適當的股票／債券配置，你就需要決定你偏好的國內股票與國際股票組合。你為什麼要為國際股票而困擾？這是為了多樣化的好處。根據國際股票的歷史數據顯示，這種多樣化為你提供了能增加報酬並同時降低波動性的潛力。如同添加股票到全債券投資組合中一樣，這就是經典的雙贏。

還有一點要牢記，美國股市約占全球總市值的三分之一左右。話雖如此，你可能還是不想過度投資國際股票。

邁克建議最終結果可能是標準的 60（股票）／40（債券）組合，其中 20％投資於國際股票。為加速了解，邁克分享了來自幾個主要基金系列的合適指數型基金，以下是股票代號：

領航：VTSMX、VGTSX、VBMFX
富達：FSTMX、FSGDX、FBIDX

嘉信（Schwab）：SWTSX、SWISX、SWLBX

美國教師退休基金會（TIAA-CREF）：TINRX、

TRIEX、TBILX

邁克還有其他的替代方案。如果你願意，你可以使用 ETFs（例如 VTI、VXUS、BND 或其他基金系列的同類產品）。如果你是在政府的退休儲蓄計畫（Thrift Savings Plan），你可以使用 C 基金、I 基金和 F（或 G）基金，來組成與上述類似的投資組合。

提醒小提示 從替代方案那裡，你可以減少將新資金（和／或股息再投資〔dividend reinvestments〕）引導至與目標相比較低的任何資產類別，來減少再平衡的需求。這會讓你的資產配置保持在你的舒適圈內，只有配置百分比離你的理財目標太遠時，才需要做最小幅度的再平衡。

資料來源：〈投資三基金投資組合〉，金融亂象網站，2013 年5月13日，http://www.financialramblings.com/archives/investing-with-a-three-fundportfolio

5 步驟，
實現財務自由

在傑克‧柏格介紹了三個整體市場指數基金的多年後，領航本來是唯一可以買到整體市場指數基金的共同基金公司。然而，隨著資訊的傳播，嘉信、富達和其他少數公司，也各自發行類似的低成本整體市場指數基金。投資人現在能夠選擇他們喜歡的任何一家公司，來架構自己的三基金投資組合。

你的第一步是決定哪些基金最符合你的想要和需求。我希望你相信，這低成本的三整體市場指數基金是最理想的，也會是你所需要的。持有更多支基金是被允許的，但也要了解到，增加其他基金到你的三基金投資組合中，會增加成本和複雜性。

你的第二步是設計自己的三基金投資組合，並確定最合適的資產配置。這是你最重要的投資決策，因為除了儲蓄和投資的金額外，**你的資產配置（即你的股票／債券比率）會決定你的預期報酬和預期風險（請記住，預期風險和預期報酬是相輔相成的：預期報酬愈高，預期風險就愈高）。**

以下的表格顯示領航從 1926 年至 2015 年以來，各種股票和債券配置的平均年投報率，和最差的單年投報率：

股票／債券百分比	平均年投報率	最差的單年投報率
0%股票／ 100%債券	5.4%	-8.1%
20%股票／ 80%債券	6.7%	-10.1%
40%股票／ 60%債券	7.8%	-18.4%
60%股票／ 40%債券	8.7%	-26.6%
80%股票／ 20%債券	9.5%	-34.9%
100%股票／ 0%債券	10.1%	-43.1%

上表清楚顯示出我們整體股票／債券比率的重要性。投資組合中若股票占較高比例的話，波動性就更大，因此可能有更高的報酬或更大的虧損。

統計數字背後的事實，往往隱藏的比揭示的還多。例如，表格中沒顯示出的事實是，熊市持續的時間往往超過一年。因此，股票和債券的報酬可能比在單年顯示的更差。又比如說，在 2008 年的熊市，領航整體股票市場（VTSMX）連續 16 個月下跌，總跌幅為 50.9％。該基金又花了 37 個月，才恢復到原來的價值。在同樣的熊市中，領航整體國際基金（VGTSX）暴跌 58.5％，與此同時，領航整體債券市場（VBMFX）在

2008 年上漲了 5%。

領航有一個免費的資產配置工具，使用該工具可以幫助你決定股票和債券間最適合的資產配置。以下是連結網址：

https://personal.vanguard.com/us/FundsInvQuestionnaire?
cbdInitTransUrl=https%3A//personal.vanguard.com/us/funds/
tools

領航公司還與諾貝爾獎得主威廉·夏普所創立的金融引擎公司（Financial Engines）合作，它透過使用蒙地卡羅模擬法（Monte Carlo Simulations），來提高對投資組合中的固有風險的認識。雖然未來是難以預測的，但透過這些模擬可以與你分享未來可能發生結果的機率，因此你可以隨著不同時期，評估自己可以承擔的投資風險，做出明智的決定。

基本的經驗法則是將你的「安全資金」（也就是你不願意在股票中冒險的資金）保留在高品質的債券裡。雖然這無法為你提供百分之百的資金保護，但如同上表所示，隨著時間的流逝，它仍然被證明是有價值的建議。

現在是你開始投資債券很好的起點。一般套用的規則是，30 歲的人的總投資金額裡，可以有 30％的債券。如果想要更積極操作，你的債券持有比例可以低於你的年齡；但如果想更加保守些，則可以考慮增加大於你年紀的債券比例。

該表和領航的資產分配工具，忽略了應分配在國際股票的股票配置百分比。這是投資中最具爭議的話題之一，主要是基於擔心外國會計掌控不佳和政府的問題、缺乏透明度、貨幣匯兌風險，以及與外國的投資相關問題。**傑克．柏格認為投資人可以完全不投資國際股市，但若有想嘗試的投資人，投資 20％也許就夠了。**

沒有人能預測股票和債券市場。儘管如此，我們必須做出決定。我對於美國投資人的建議就是，你的證券（股票）應放進整體國際股票市場指數基金，像是領航整體國際股票市場指數基金（VTIAX）。我建議比例為總投資金額的 20％，這是參考傑克．柏格建議最高的 20％，和領航研究建議最低的 20％，所做出的折衷比例。

你的第三步，是確定所需的資產配置後，就要決定是使用傳統的共同基金還是指數股票型基金（ETFs）。這決定應該不

難，因為除非你是交易員，否則這兩種基金的差別不會太大。（ETFs 是在公開市場上交易）交易者更喜歡 ETFs，因為它們幾乎可以在每天的任何時間輕鬆交易。柏格頭信徒則會避免當日沖銷（Day trading），因為我們是堅持到底的投資人。

領航 ETFs 只是集團共同基金中的另一種股票類別。他們持有與其對應的共同基金，並且具有同樣的稅務效率。他們的操作費用比率也和海軍上將股別差不多。**我建議你從領航的共同基金開始你的投資組合，如果你之後改變主意，可以切換到與該基金相對應的 ETFs，就不會產生稅務後果或其他費用。**但是，反向操作是不可行的（意思就是，你要先賣掉領航的ETFs，才能轉換成共同基金）。不同的共同基金公司當然也會有不同的規定。

你的第四步（如果你是符合資格的）是投資稅收優惠的退休計畫（tax-advantaged retirement plan）。

如果你參加公司的退休計畫，則每年可以允許高達 18,000 美元的稅收優惠（如果年滿 50 歲或以上，則為 24,000 美元）。首先看一下你的公司退休計畫，是否擁有低成本的目標退休基金（Target Retirement Fund），其股票／債券組合接近你所需

的資產分配。**目標退休基金是一種多合一的基金，可根據選定的時間範圍自動調整股票、債券和現金的組合**。隨著年齡的增長，這些資金會自動再平衡，並變得更加保守。如果後來出於任何原因需要更改基金的選擇，在大多數的退休帳戶切換到不同的基金，則無需繳稅或罰款。

有件很重要的事要記得，並非所有名稱中具有相同年份的目標退休基金，都包含相同的股票和債券配置，重要的是你必須「深入了解」，然後選擇最符合自己所需資產配置的基金。選擇你的基金時，決定因素應該是你想要的資產配置，而不是基金名稱中的日期（譯註：目標期限基金〔Target Date Fund〕的名稱會包含一個目標退休年份，例如 2030 基金，該年份就代表該基金到期日）。

退休基金由公司聘請的專家設計。將適合你的時間範圍、風險承受能力和個人財務狀況的低成本目標期限基金，放入你的稅收優惠帳戶裡，這是不太會出錯的方式。

如果你的公司計畫沒有低成本的目標基金，請尋找低成本的指數型基金。大多數公司計畫提供標普 500 指數基金，這是美國整體市場指數基金的合適替代品。有些公司計畫提供標

準普爾 500 指數基金，也將提供延展市場指數基金（Extended Market Index fund）。這兩支基金的比例為 5：1（標普 500 指數為 5；延展市場指數為 1），就跟投資整個美國整體市場指數基金差不多。

如果你的公司計畫沒有合適的低成本指數資金，請投資與公司匹配的低成本基金，來獲取「免費資金」，然後開立一個能提供更多低成本基金標的的個人退休帳戶（Individual Retirement Account, IRA），來完成你想要的投資組合。年輕的投資人應該利用其退休帳戶中的儲蓄，引發雇主給予最大化「合適」的資金。

如果你沒有公司退休計畫，請考慮個人退休帳戶。有兩種主要型式：傳統和羅斯（Roth）IRA。**傳統 IRA 供（存）款可以抵稅，但提領時要繳稅；羅斯 IRA 存供款不可抵稅，但提款時無需繳稅。**如果你預計退休時的稅率會比現在更高，並且現在不需要減稅，通常選擇羅斯 IRA 會比較好。羅斯 IRA 的優點是可以隨時提款，無需繳稅或罰款。幾乎所有的共同基金公司（和銀行），都會很樂意為你開立 IRA 帳戶。

美國國稅局（IRS）網站，
2017 年 IRA 退休計畫比較

羅斯 IRA 個人退休帳戶和傳統 IRA 個人退休帳戶的年度存款限制：

- 49 歲及以下＝ 5,500 美元
- 50 歲及以上＝ 6,500 美元

傳統 IRA 修改後的調整總收入（modified adjusted gross income）限額：

- 單身＝ 62,000 美元至 72,000 美元
- 已婚：共同申報＝ 99,000 美元至 119,000 美元
- 已婚：分別申報＝ 0 至 10,000 美元
- 非公司計畫的積極參與者＝ 186,000 美元至 196,000 美元

羅斯 IRA 修改後的調整總收入存入限額：

- 單身＝ 118,000 美元至 133,000 美元
- 已婚：共同申報＝ 186,000 美元至 196,000 美元
- 已婚：分別申報＝ 0 至 10,000 美元

配偶個人退休帳戶：如果你和你的配偶提出共同納稅申報表，無工作的配偶也可以向 IRA 存款，即使另一半沒有存款。你們的合併存款金額，不能高過聯合申報表上填寫的應納稅補償額。

IRAs 可能很複雜，但是對於我們大多數人來說，就看你決定要使用傳統 IRA 還是羅斯 IRA。以下是一般的通則：

- **如果你認為現在的所得稅稅率會比退休時還要高，請使用傳統 IRA。**
- **如果你認為現在的所得稅稅率會低於退休時，請使用羅斯 IRA。**

如果你需要更多詳細資訊，請點選此連結到美國國稅局網站的「個人退休安排」：

https://www.irs.gov/retirement-plans/individual-retirementarrange-ments-iras-1

如果你因為沒有收入，而不符合稅收優惠的退休計畫，或者是你已經用完自己退休計畫中的可用額度，又或者由於某些原因而不符資格，請不要絕望。低成本、廣泛市場的股票指數基金或是 ETF，都能節稅。應稅帳戶具有流動性的優點。你可以隨時出於任何原因而提取你的錢（儘管可能需要繳納資本利得稅）。

在為應稅帳戶選擇基金或 ETF 時，有一個首要規則：在應稅帳戶中，只能使用節省稅收的基金。這是因為，如果你以後出售或交換營利的應稅基金，通常會產生資本利得稅。當稅收優惠帳戶額度已滿或不符合資格，可以選擇整體股票市場指數基金和整體國際股票市場指數基金，這對於應稅帳戶來說，都是極好的節稅基金。

整體債券市場指數基金並不能節稅，所以通常會放在稅收優惠帳戶中。如果你的稅收優惠帳戶中沒有額度存放所有的債券，請考慮購買高品質的免稅中期債券基金（tax-exempt intermediate-term bond fund），例如，領航的免稅中期債券基

金（VWIUX），放進你的應稅帳戶。而且如果你的稅率較高，並且居住在會課所得稅的州別，則你的應稅帳戶也應該考慮放進州特定免稅債券基金（state-specific tax-free bond fund）。

晨星公司有一個免費的應稅等價收益率（Tax-Equivalent Yield）計算器，可以幫你決定使用應稅或免稅債券基金：

www.screen.morningstar.com/BondCalc/BondCalculator_TaxEquivalent.html

簡而言之，這是我關於資金配置以獲得最大稅務效率的建議：將整體債券市場指數基金放在稅收優惠帳戶。如果額度已滿，請在應稅帳戶中使用免稅債券基金。將整體股票和整體國際股票市場指數基金放在稅收優惠帳戶（最佳的選擇）或應稅帳戶。

你的第五步是執行你的計畫。我們來複習一下：

步驟1：你已經選擇了三整體市場指數基金或替代基金。
步驟2：你已經確定了所有最重要的資產配置計畫。
步驟3：你已決定使用共同基金或是 ETFs。

步驟4：你已選擇最佳帳戶類型。

步驟5：現在是時候執行你的計畫。

在撰寫本文時，富達和嘉信正在跟領航打低成本戰。結果是，他們的整體市場指數基金中的幾個，和領航一樣便宜或更便宜一些（約0.01%）。假設富達和嘉信的整體市場指數基金，可以維持非常低的操作費用比率，這對投資人來說是個好消息（請務必檢視廣告傳單細項，以確保出現的不只是「為招攬顧客而虧本出售」）。

我會建議你考慮富達、嘉信、領航或其他任何提供較低操作費用比率整體市場指數基金的公司。但比起手續費便宜幾個基點（基點〔basis point〕是萬分之一），公司的實力、聲譽和服務品質來得更加重要。只需聯絡該公司，就能了解如何開始使用新目標基金或三基金投資組合：

聯絡資訊

公司	公司網址	電話
富達	www.fidelity.com	800-343-3548
嘉信	www.schwab.com	800-435-4000
領航	www.vanguard.com	877-662-7447

如果你目前的證券在稅收優惠帳戶中，你應該可將現有的投資組合轉換成三基金組合，而無需繳稅。

如果你目前的證券在應稅帳戶中，並且它們是獲利的狀態，則在出售現有證券之前，你需要考慮由此產生的任何稅收。這是一個常見的問題，所以對投資人而言，也是在投資應稅帳戶時使用節稅資金如此重要的原因。以下是減少稅收的五個要點：

1. 停止投入資金到不必要或是稅務效率差的證券。
2. 停止分配收益再投資（stop reinvesting distributions）。
3. 確定每個應稅證券的損益金額。
4. 如果任何證券有損失，請考慮出售並獲得課稅損失收益（tax-loss benefit）。
5. 如果任何證券有獲利，請考慮出售超過你虧損金額的證券數量（在持有一年以享受較低資本利得稅率之後）。

第 4 點和第 5 點會被抵銷掉，而且是零稅率。將你的銷售收益，放入適當的節稅整體市場指數基金。

在出售剩下的證券之前，你必須做出決定：你可以繼續持有你不想要的、稅務效率差的證券，或是咬緊牙關繳稅，並開始享用成本更低、更簡單、稅務效率更高的投資組合，那就是整體市場指數基金的高效投資組合。

注意事項：年長的投資人應牢記，2018 年聯邦法律規定，遺產稅和贈與稅的免稅額為每人 560 萬美元（配偶共同申報的情況為加倍）。正因如此，年老或生病的投資人應避免出售有大量資本收益的證券，因為出售這些證券的稅，在死後將被取消。

一旦你決定出售不必要的證券，就必須考慮用於存在新資產的帳戶類型。**如果可能，最好將你的整個三基金投資組合放在稅收優惠帳戶中（短期現金需求除外）。然而，如果您的 401k、403b、IRA 或其他稅收優惠帳戶的存款已達法定限額，你就必須使用應稅帳戶。**

如果還有我沒提到的相關基金配置問題，請發布在柏格頭論壇上，網址為 www.bogleheads.org，在那裡，業餘和專業的柏格頭信徒都會樂於幫你解答。

▶ 柏格頭鄉民這樣說

「嗨，自 2009 年以來，我一直堅持『三基金投資組合』，並忽略其他不認同的聲音。到目前為止的成果：我是一個快樂的柏格機器人。我很高興在閱讀你的書籍後加入了這個論壇。」

——RO

「我在我的健康儲蓄帳戶（Health Savings Account, HSA）使用了三基金投資組合——如此簡單、如此有效，讓心靈得到平靜。」

——GV

「隨著年齡的增長，我了解到簡單化的價值，現在是開心的三基金持有者。切換到海軍上將基金和三基金，讓我的操作費用比率減少了 0.5％以上，我的投資組合表現也非常出色。」

——MC

> 「受過良好教育的聰明人，才能提出簡單的三基金投資組合。」
>
> ——QW

成本控制很重要，而它正持續降低中（謝謝你，傑克）

廣受尊敬的專欄作家喬納森・克雷蒙，發表的談話是金玉良言。正如柏格先生經常指出的重點，**成本是長期投資績效的首要決定因素**。你省下的成本費用愈多，你存下的財產就愈多。克雷蒙告訴讀者，投資人可以自行架構一個很完美的投資組合。富達與嘉信之間的價格戰，都在和領航互相競爭，價格戰也許會結束，但克雷蒙認為領航是不可能會改變的，領航的宗旨在於「每支基金的操作皆以成本為考量」。

記住，下次要好好比較，是投資三基金投資組合比較實在，還是投資更昂貴的替代投資工具比較好。投資領航基金為你省下的錢，是實實在在放進你的荷包，而不是進了別人的口袋。

資料來源：喬納森・克雷蒙，〈幾乎沒有〉（Next to Nothing），2017年4月8日發表於Humble Dollar網站。http://www.humbledollar.com/2017/04/next-to-nothing/

第 6 章

「堅持到底」，
就是最重要的投資智慧

如果你已經按照上一章的五個步驟進行操作，那麼你可以順利實現投資目標。你必須堅持自己選擇的路線，但這並不總是那麼容易。你會面對許多讓你三心二意的誘惑，你必須抵抗兩個狀況：

牛市：當股票市場在牛市時，會有很大的誘惑來引誘你增加股票配置。在你的資產配置計畫中，一點小偏差是被允許的，但只要你的股票配置超過其所需分配的 10％（有人會說 5％）時，就應該再平衡。如果你正處於投資的累積階段，你可以將新資金放進債券基金，或是出售股票，來實現這一點。如果你正處於投資的提款階段，你應該從你的股票基金中提款，或在你的稅收優惠帳戶中將股票換成其他債券。

熊市：當股票市場處於熊市（美國、國際或兩者皆有），你會強烈想賣出至少一部分的股票基金。千萬別這麼做。因為若這時賣出基金，就是賣在低檔。堅持你的資產配置，代表當你再平衡時，就有可能低買高賣——做出與眾不同的決定。透過增加股票基金來做再平衡，直到你再次達到想要的資產配置。這是在熊市時最難做到的（但最重要）事情。這也是傑克・柏格寫在他的經典書籍《共同基金必勝法則》中的內容：

「堅持到底。無論發生什麼狀況，請堅持執行你的投資策略。我說過『堅持到底』不下一千遍。這是我能給你的最重要的一句投資智慧。」

需要知識和意志力才能堅持到底，避免你屈服於共同基金、保險公司、銀行、財務顧問，以及其他試圖從你的投資中獲利的精心策畫（常常是誤導性的）的行銷。然而，現在已有數百萬人發現了傑克・柏格的投資智慧，並且遵循它。

▶ 柏格頭鄉民這麼說

「我們正在使用三基金投資組合。我希望能表達我對你所做的一切有多感激。」

——RE

「不要讓瑣事分散你的注意力。那條路我之前也曾走過，但現在我終於有了自己的三基金投資組合。」

——MU

「我將所有資產都轉移到泰勒的三基金投資組合中。我很開心能當個單純的露營愛好者！」

——JA

「三基金投資組合是一個極其簡單、有效的投資方式。」

——PI

大學捐贈基金會與三基金組合的比較

每一年，全美學院和大學商務官協會都會發行了一份共同基金捐贈研究（NCSE）。這是一項備受矚目的研究，因為學院和大學彼此競爭激烈。學校會聘請最好的股票和債券基金經理人，並使用大規模、市

場連結性強的財務團隊和金融顧問——這些有錢就可以買到。投資內容包括風險投資、房地產、木材、對沖基金和其他可投資的衍生品等，我們預計這些捐贈基金的表現，將勝過大多數個人投資人。

班‧卡爾森（Ben Carlson）是位 CFA，著有《投資前最重要的事》（A Wealth of Common Sense），他在 2018 年 2 月的專欄「柏格投資模組如何打敗耶魯模組」中，比較了 2017 年領航集團三基金投資組合，和 NCSE 報告的 809 個美國學院與大學捐贈基金的平均投報率。結果如下：

基金	一年期	三年期	五年期	十年期
三基金的投資組合	14.9%	5.6%	10.3%	5.5%
平均捐贈報酬	12.2%	4.2%	7.9%	4.6%

專家眼中的
三基金投資組合

美國散戶投資者協會（American Association of Individual Investors）：「行為金融研究為購買和持有低成本、廣泛分散的指數型基金，提供了強有力的理由，這應該不足為奇。」

馬克・巴拉薩（Mark Balasa），CPA、CFP：「這種三管齊下的作法，打敗了絕大多數個股和債券的投資組──大多數的人通常在經紀公司交易。它的簡單中有一定的優雅。」

克莉絲汀・班茲，晨星個人理財總監：「很難在許多柏格頭信徒支持的『三基金投資組合』裡，找到能挑剔之處。」

威廉・伯恩斯坦，《投資金律》的作者：「三基金投資組合似乎過於簡單，甚至看起來像是業餘的？千萬別這麼想。在接下來的幾十年中，絕大多數的專業投資人都無法打敗它。」

傑克・柏格：「擁有市場的美麗，在於你排除了個股風險、市場單一產業的風險以及管理不良風險。」在他的著作《共同基金必勝法則》中也提到：「也許還有其他比只擁有三指數基金更好的投資策略，但更多的是爛透的策略。」

史考特・柏恩斯，金融專欄作家：「我們比低成本廣泛指

數型基金操作得更好的機率，實在是太低了。」

喬納森・伯頓（Jonathan Burton），市場觀察網站（Mar-
ketWatch）：「有很多方法會使投資複雜化，還有很多人想從
你身上撈錢。因此，只需將三基金策略視為不必考慮過多的事
情就好了。」

安德魯・克拉克（Andrew Clarke），《經驗財富》（*Wealth
of Experience*）的合著者：「如果你的股票投資組合看起來與廣
泛的股票市場截然不同，那麼你就是在承擔額外的風險，這些
風險可能會，也可能不會帶來回報。」

喬納森・克雷蒙，暢銷書作者暨《華爾街日報》專欄作家：
「使用廣泛的指數型基金來匹配市場，我相信它的簡單性就是
它耀眼的地方。」

約翰・科克倫（John Cochrane），美國金融協會（American
Finance Association）主席：「總體而言，市場總是能夠正確分
配資本。」

《消費者報告金錢書》（*Consumer Reports Money Book*）：「簡

單的買進，就已擁有整個市場。」

亞斯華斯·達摩德仁（Aswath Damodaran），紐約大學教授暨 20 本以上金融書籍作者：「擊敗市場從來都不是一件簡單的事，任何反對市場的人都是在與歷史鬥爭，並無視證據。」

菲勒·德姆斯（Phil DeMuth），《富裕的投資人》（*Affluent Investor*）的作者：「買進並持有幾支大盤指數型基金，可能是一般投資人可以用來增強其投資組合的最重要行動。」

勞拉·多古（Laura Dogu），美國駐尼加拉瓜大使和《柏格頭的退休計畫》的合著者：「你的投資組合中只要有這三基金，就可以讓你從低成本和廣泛的多樣性中獲利，而且還相當易於管理。」

查爾斯·艾利斯（Charles Ellis），《投資終極戰》（*Win the Loser's Game*）的作者：「對我們大多數人來說，股票市場顯然效率太高，讓我們無法做得更好。」

尤金·法瑪（Eugene Fama），諾貝爾獎得主：「對於大多數人來說，選擇整體市場投資組合是最明智的決定。」

理查・菲利，《富比世》專欄作家暨六本投資書籍的作者：「年齡愈大，我愈相信三基金投資組合是一個出色的選擇。它簡單、便宜、易於維護，而且不易有讓你一時衝動，而拋棄原有投資策略的追蹤誤差。」

馬克・赫伯特，《赫伯特金融文摘》創始人：「買進並長期持有大盤指數型基金，仍然是大多數人的最佳投資策略。」

謝爾登・雅各（Sheldon Jacobs），《成功的免銷售費用基金指南》（*Guide to Successful No-Load Fund Investing*）的作者：「對幾乎所有人來說，最好的指數型基金就是整體股票市場指數基金。只有當市場下跌而且一蹶不振時，基金才會出問題，但這是不會發生的。」

《基普林格的退休報告》（*Kiplinger's Retirement Report*）：「你只需要用三支涵蓋全球絕大多數股票和債券市場的基金：領航整體股票市場指數、領航整體國際股票市場指數，以及領航整體債券市場指數，即可打敗絕大多數的投資人。」

賴利・庫德洛（Lawrence Kudlow），全國廣播公司商業頻道（CNBC）：「我喜歡威爾夏 5000 的概念，它基本上能讓你

從所有交易活躍的公司中分得一杯羹。」

柏頓·墨基爾教授，《漫步華爾街》的作者：「我推薦一個整體市場指數基金──一個能追蹤整個美國股市的基金。我也建議將相同的方法，用於美國債券市場和國際股票市場。」

哈利·馬可維茲（Harry Markowitz），諾貝爾獎得主：「試圖擊敗市場並快速致富的愚蠢想法，將會使股票經紀人變得更富有，自己的口袋則愈來愈空。」

比爾·米勒，著名的基金經理：「自 1982 年初以來，市場打敗了 91% 倖存的基金管理人，它的效率相當高。」

伊洛德·穆迪（E. F. Moody），《戳破理財專家的謊言》（*No Nonsense finance*）的作者：「我愈來愈相信，對個人和機構股票投資人來說，最佳的投資建議就是買進低成本的廣泛指數型基金，該基金持有構成市場投資組合的所有股票。」

彩衣傻瓜（Motley Fool，譯註：一家私人金融與投資諮詢公司）：「請將你的長期資金，投資在追蹤廣泛市場指數表現的指數共同基金中。」

約翰‧諾斯塔德（John Norstad），數學家：「對於整體市場投資人而言，歷史、算術和理智這三個要素，都顯示出他們最後會成功。」

安娜‧普賴爾（Anna Prior），《華爾街日報》作家：「一個簡單的三基金投資組合，聽起來似乎違反直覺，但對於一般個人投資人而言，少其實就是多。」

珍‧布萊恩特‧奎因，聯合專欄作家暨《賺你應該賺的錢》的作者：「可靠且可觀的投資報酬，來自投資整個股票市場指數基金。」

帕特‧雷尼耶（Pat Regnier），晨星公司前分析師：「我們應該忘記選擇基金經理人，而是選擇指數型基金來模仿市場。」

羅恩‧羅斯（Ron Ross），《無懈可擊的市場》（*The Unbeatable Market*）的作者：「放棄打敗市場的徒勞追求，最可靠的方法是增加投資效率和財務上的安心感。」

艾倫‧羅斯，CPA、CFP、財務顧問和《我8歲，我會自己

賺錢！》的作者：「三基金投資組合的美妙之處，在於它可以自動建構全球投資組合，不必擔心標準差、相關性、夏普比率等。」

保羅・薩繆森，諾貝爾獎得主：「使股票投資組合多樣化的最有效方法，就是選擇低費用的指數型基金。從統計學來說，廣泛股票指數型基金的表現，將優於大多數主動式管理的股票投資組合。」

比爾・蘇西斯，《不看盤，我才賺到大錢》的作者：「你不需要擁有八支基金。你可以有兩支或三支基金，就能有一個很棒的投資組合。」

常丹・森古普塔（Chandan Sengupta），《唯一可行的成功投資之路》（*The Only Proven Road to Investment Success*）的作者：「使用低成本、廣泛的指數型基金，來被動投資於大量股票中的一小部分。」

傑諾米・席格爾（Jeremy Siegel）教授，《散戶投資正典》（*Stocks for the Long Run*）的作者：「對於大多數的人來說，若要試圖打敗市場，只會導致災難性的結果。」

丹‧索林（Dan Solin），《你將擁有最聰明的投資組合》（*The Smartest Portfolio You'll Ever Own*）的作者：「你的投資可以簡單或複雜。你只需擁有三支投資於國內股票、外國股票和債券的共同基金，就可以讓事情變得非常簡單。這正是我推薦的理想投資組合。」

威廉‧斯皮茨（William Spitz），《緩慢致富》（*Get Rich Slowly*）的作者：「很少有人能打敗簡單的投資策略：就是買進和長期持有市場證券。」

梅爾‧史塔曼（Meir Statman）教授，《為什麼你無法致富》（*What Investors Really Want*）作者：「擁有三基金是很有意義的。讓事情變得困難的是，要真正成為贏家似乎太簡單了。」

羅伯特‧斯托瓦爾（Robert Stovall），投資經理人：「你並非不能打敗市場。每年約有三分之一的投資人辦到。當然，每年都是不同的群體。」

彼得‧迪特蕾莎（Peter Di. Teresa），晨星高級分析師：「我的建議：選擇整體股票市場指數基金，例如，領航整體股票市場指數基金。」

肯特·圖恩（Kent Thune），CFP，《金融哲學家》（*The Financial Philosopher*）編輯：「根據被動投資的優點，結合柏格的乾草堆哲學（Haystack philosophy；編按：柏格曾用「不要在乾草堆裡找一根針，而是要買下整個草堆〔Don't look for a needle in the haystack. Just buy the haystack.〕來形容用指數型基金投資整個市場的概念），我們可以透過領航指數型基金掌握整個證券市場，只需投資三大類：美國股票、國外股票和債券。」

沃爾特·厄德格雷夫（Walter Updegrave），《Money》雜誌的作者兼資深編輯：「只要簡單投資以下三支基金（或它們的 ETF）：整體股票市場指數基金、整體國際股票市場指數基金以及整體債券市場指數基金。如此操作，你將有機會接觸世界上幾乎所有類型的公開交易股票（大、小型、增長型和價值型、國內外、各領域的股票），以及整個美國投資等級應稅債券市場（短期到長期債券、公司債、國債和不動產貸款抵押債券）。」

威爾夏協會（Wilshire Associates）：「市場投資組合提供了最佳的風險報酬率。」

傑森・茲威格，《華爾街日報》財經專欄作家，在班傑明・葛拉漢（Benjamin Graham）的經典著作《智慧型股票投資人》中評論如下：「終身持有的唯一最佳選擇，就是整體股票市場指數基金。」

與柏格頭信徒的
美好相遇

柏格頭論壇的源起

1998 年，泰勒·雷利摩爾和其他人努力在晨星上創立一個新的網路論壇。新論壇專門討論領航創始人約翰（傑克）·柏格所支持的指數化投資。領導這項工作的人被稱為「柏格頭信徒」。當時，這個名稱被非柏格頭信徒當作貶義詞。然而，我們柏格頭信徒接受這個名稱，並視為榮譽徽章。

晨星公司最終屈服於壓力並成立了新論壇，但他們不願意將其命名為「柏格頭」，因為他們擔心可能會被認為是有攻擊性的。相反，他們選擇將新論壇命名為「領航死忠粉絲會」，副標題則為「柏格頭聯合會（Bogleheads Unite）讓大家討論喜愛的基金公司」。

這個新論壇獲得了巨大的成功，很快就成為晨星官網上最受歡迎的論壇。最終，新論壇上的貼文數量已超過了其他所有晨星論壇上的貼文。

傑克·柏格回應了 1999 年感恩節在論壇上看到的貼文，詢問是否有人有意願跟他在非度假勝地度過一天。當然很多人想要參與，所以泰勒和我決定，與傑克一起在邁阿密舉行我們

的第一個柏格頭聚會，他將在那裡成為 2001 年《邁阿密先驅報》「金錢秀」研討會的主講人。聚會在泰勒和佩特的海濱公寓舉辦，然後幾乎變成每年都會舉辦一次，傑克．柏格是我們的貴賓。隨後的活動分別在費城、芝加哥、丹佛、拉斯維加斯、華盛頓特區、聖地亞哥和達拉斯／沃斯堡，都曾舉辦過。

由於擔心傑克的健康狀態，我們決定盡量減少讓他四處奔波的次數，因此後續聚會都在費城舉辦。2017 年的柏格頭聚會是該系列的第 16 場（我們錯過了某一年的聚會，因為當時正在寫第一本書《鄉民的提早退休計畫〔觀念版〕》）。

幫助所有人達到財務目標

在 2007 年，柏格頭論壇從晨星搬到我們自己的論壇：www.Bogleheads.org。新網址的誕生是因為無法好好管理的無奈，以及在晨星網站經營的困難，所以由柏格頭信徒主導的新論壇非常成功。如今，新論壇已成為網路上首屈一指的投資論壇。

截至撰寫本文時，新論壇每天的點擊率已高達 450 萬次，每天多達 9 萬個人前來拜訪。雖然個人必須註冊才能發布貼文

（這是免費的），但不需註冊會員也可以閱讀先前發布的數百萬條問題與答覆（這被俗稱為「潛水者」）。

有超過 7 萬名來自全球的柏格頭註冊會員。在任何時刻，大約都會有 1000 到 2000 個人在線上。在這個數字中，未註冊的人（潛水者）通常比註冊會員人數多，大約是 10 比 1。我們預測該數字可能意味著多達 70 萬或更多投資人，不時在瀏覽論壇。

註冊成員在超過 22 萬 7 千個主題上，發布了超過 370 萬篇貼文。

這一切確實令人印象深刻，但真正使柏格頭社區如此特別的是，無私的柏格頭信徒提供的幫助和資訊，他們希望以任何方式貢獻自己的力量，來幫助我們的社區，並幫助其他人達到財務目標。

引導投資人入門的最佳指南

在撰寫本文時，全美國已經有 73 個柏格頭地方分會和 6 個國外分會（巴黎、台灣、新加坡、香港、阿聯酋／杜拜和以

色列）。分會負責人使用 Bogleheads.org 論壇的本地分會，和伯格頭社區的成員進行交流。他們會訂立會議日期、時間、地點、議程和任何其他重要議題。這裡是 Google 地圖顯示柏格頭各地分會的位置和聯繫資訊，以下是連結網址：

https://www.google.com/maps/d/u/0/viewer?mid=1KX-WSvjOwmi1fLocIrz5wHiBB7s&ll=36.708751919221015%2C-95.86343664218749&z=3

　　我們論壇上的維基百科是大量投資資訊的資料庫，由將近250 位柏格頭信徒所編輯提供，他們希望能幫助其他投資人獲得金融知識。目前超過 900 頁的內容涵蓋了眾多投資議題，像是資產配置、稅務、再平衡等重要主題，所有內容都由柏格頭信徒編輯和更新。

　　我們的維基編輯者會持續添加重要資訊。維基百科每日的平均瀏覽量約為 25000 次，但已有多日瀏覽數字接近 35000次。對於那些沒有頭緒的投資新手，維基百科提供了「入門指南」。柏格頭論壇上的所有文章，幾乎都可以連結到維基百科。

全世界最大的線上免費論壇

柏格頭的前兩本系列出版書籍——《鄉民的提早退休計畫〔觀念版〕》和《柏格頭的退休計畫》，進一步擴展了柏格頭的資訊。本書是該系列的第三本。我們有許多已出版書籍的投資作家，都會在論壇上貢獻自己的知識。甚至領航創始人傑克・柏格，有時也會在論壇上發文。

約翰・柏格金融知識中心在 2010 年成立，並且是美國國稅局批准的 501（c）（3）慈善組織（編按：這是根據《美國法典》第 26 章 501（c）（3）條免稅條款規定的組織，範圍適用於宗教、教育、慈善等公共利益）。該中心的成立是為了延續領航投資創始人約翰・柏格的努力，以確保投資人獲得公平的市場報酬，並提高所有投資人的金融知識水準，以便他們實現目標，並達到財務獨立。

其次，柏格金融知識中心資助了致力於教育世界各地投資人的柏格頭線上投資論壇。該論壇現在是世界上最大的線上免費金融論壇。

該中心組織管理柏格頭年度會議，教育來自全國以及世界

各地的投資人。我們的會議吸引了美國幾乎各州的與會者，以及來自其他國家的投資人。會議都非常成功，而且通常在宣布會議日期後的幾天內，名額就被搶購一空。

　　柏格金融知識中心致力於教育大眾合理的財務原則，包括量入為出、遠離債務、儲蓄、明智的多樣化投資、稅務效率觀念、投資成本最小化，以及為可用的稅收優惠計畫做出貢獻，以幫助他們實現財務目標。泰勒慷慨的將這本書的所有版稅捐贈給柏格知識中心。如果你想加入傑克的這場「請給一般投資大眾一個公平的機會」運動，請將免稅捐款郵寄至：

約翰柏格金融知識中心

6977 Navajo Road，Suite 147

聖地亞哥，加州　92119-1503

梅爾・林道爾

柏格頭金融知識中心總裁

金融術語一覽表

主動式管理（Active management）

一種尋求投報率超越市場或特定基準指標報酬的投資策略。

年化報酬率（Annualize）

將小於一年的時間段應用於一整年。例如，六個月的報酬率是5％的話，用年化報酬率計算就是 10％。

自動再投資計畫（Automatic reinvestment）

一種使用共同基金分配紅利（股息和資本利得），購買額外股份的安排。

基準指標（Benchmark index）

共同基金經理用來比較其基金業績的指標。

債券存續期間（Bond duration）

對於債券基金波動性的預估。例如，如果利率上升 1％，期限為三年的債券基金，價值將降低約 3％，而如果利率同樣上升

1%，期限為五年的債券基金，價值將降低約 5%。

資本利得（Capital gain）

買進與賣出價格之間的差價。

資本利得分配（Capital gain distribution）

出售基金證券的淨獲利，拿來支付給共同基金股東的款項。

股權（Equities）

通常指股票或股份。

指數股票型基金（exchange-traded fund, ETF）

在股票市場上交易的指數型基金。ETF 需透過證券商買賣。

操作費用比率（Expense ratio）

用於支付部分年度費用的基金淨資產的百分比。

延展市場指數基金（Extended Market Index Fund）

一種大概由 3000 支廣泛股票組成的基金，當與標普 500 指數基金以大約 1：5 的比例結合時，幾乎與整個市場指數基金相同。

指數型基金（Index fund）

一種共同基金，其構建包括特定市場部門的全部或大部分組成部分。

長期資本利得（Long-term capital gain）

出售至少持有一年的有價證券，通常導致較低的稅收。

市場擇時（Market timing）

試圖預測市場方向，然後根據預測進行投資。

本益比（Price / earnings ratio; P / E）

每股市價除以每股盈餘。

回歸均值（Reversion to the Mean）

隨著時間的流逝，價格和收益最終會趨向於平均價格的理論。

風險承受能力（Risk tolerance）

投資人對於價格下跌，無需拋售也無需擔心的容忍度——通常稱為「高枕無憂」。

轉存（Rollover）

資產從一個退休計畫免稅轉移到另一個。

羅斯 IRA（Roth IRA）

稅收優惠的退休計畫。存款不可抵稅，但盈利和本金在累積期間領回免稅。

目標退休基金（Target Retirement fund）

一種共同基金，由隨著時間增長而變得更加保守的共同基金投資組合組成。

應稅帳戶（Taxable account）

證券帳戶應繳納年度聯邦稅的帳戶。

稅收優惠（Tax advantaged）

任何免稅、遞延稅款或提供其他類型稅收優惠的投資、帳戶或計畫（例如美國的 IRA、401K 和市政債券）。

延後課稅帳戶（Tax-deferred account）

遞延至提取時才繳納聯邦所得稅的帳戶。

稅務效率（Tax efficient）

稅負最少。

稅務效率低下（Tax inefficient）

欠稅多於必要。

稅務虧賣（Tax-loss harvesting）

出售有損失的應稅證券，以抵消其他應稅收入和收益的作法。

整體市場指數基金（Total Market Index Fund）

由幾乎所有市場上可投資公司組成的共同基金或 ETF。

傳統 IRA（Traditional IRA）

稅收優惠的退休計畫。存款可抵稅，供款和收入的稅款在積累期間遞延。提款是按普通所得稅稅率課稅。但如果在 59 歲半之前從帳戶提款，除了少數情況之外，將會被罰款。

週轉率（Turnover rate）

過去一年經理人交易活動的指標。

未實現資本損益（Unrealized capital gain / loss）

基金證券被賣出後，將實現的資本利得或損失。

國家圖書館出版品預行編目（CIP）資料

鄉民的提早退休計畫〔實踐版〕／泰勒‧雷利摩爾（Taylor Larimore）著；資湘萍譯.
-- 初版. -- 臺北市：樂金文化出版：方言文化出版事業有限公司發行，2021.10
176 面；14.8×21 公分
譯自：The Bogleheads' Guide to the Three-Fund Portfolio: How a Simple Portfolio of Three
Total Market Index Funds Outperforms Most Investors with Less Risk

ISBN 978-626-95068-4-2（平裝）

1. 投資　2. 投資組合

563.5　　　　　　　　　　　　　　　　　　　　　　　　　110014963

鄉民的提早退休計畫〔實踐版〕

The Bogleheads' Guide to the Three-Fund Portfolio: How a Simple Portfolio of
Three Total Market Index Funds Outperforms Most Investors with Less Risk

作　　　者　泰勒‧雷利摩爾（Taylor Larimore）
譯　　　者　資湘萍

責任編輯　林宥彤
編輯協力　林映華、蕭瑋婷
總 編 輯　陳雅如
行 銷 部　徐緯程、段沛君
業 務 部　康朝順、葉兆軒、林傑、林姿穎
管 理 部　蘇心怡、莊惠淳、陳姿仔

封面設計　職日設計 Day and Days Design
內頁設計　顏麟驊

出　　　版　樂金文化
發　　　行　方言文化出版事業有限公司
劃撥帳號　50041064
通訊地址　10045 台北市中正區武昌街一段 1-2 號 9 樓
電　　　話　(02)2370-2798
傳　　　真　(02)2370-2766

印　　　刷　緯峰印刷股份有限公司
定　　　價　新台幣 300 元，港幣定價 100 元
初版一刷　2021 年 10 月
I S B N　978-626-95068-4-2